TE LLEGARÁ

TE LLEGARÁ gozo en la mañana

La historia de Marilynn Kramar

Marilynn Kramar
con Robert C. Larson

Primera edición – Junio de 2003
2.000 ejemplares

Diagramación

Lida Natalia Herrera G.
Alexandra P. Castellanos T.

Diseño de carátula

Creãre editores

Los textos bíblicos usados fueron tomados de la Biblia Latinoamérica (10a edición).

ISBN
958-8027-72-1

Pedidos a:

ASOCIACIÓN MARÍA SANTIFICADORA
Carrera 36 No. 104 - 90
PBX: (571) 256 14 47
Fax: (571) 616 92 09
Visítenos en nuestra web: www.ams.org.co
E-mail: amsad@epm.net.co
Bogotá, D.C., Colombia

Impreso por Esfera Editores Ltda.
Bogotá, D.C., Colombia

Impreso en Colombia
Printed in Colombia

C O N T E N I D O

CONTENIDO

R E C O N O C I M I E N T O S

RECONOCIMIENTOS

Quiero agradecer a toda mi familia por ser vulnerable a la historia de *Te llegará gozo en la mañana*. Espero que sea de gran beneficio y esperanza en la vida de todos.

A mi padre, quien me dio el regalo de la seguridad y la fortaleza.

A mi madre, quien me infundió la esperanza del cielo.

A Glenn, quien me dio la alegría de ser esposa y madre e hizo posible que abriera la puerta hacia la misión latina.

A Marcos, quien como hijo amado me permitió ver mi propia debilidad.

A Kimberly, quien constantemente me hace recordar el vigor de ser madre.

A la familia de Carisma en Misiones, que me da la valentía para continuar luchando y venciendo.

Al cardenal Timoteo Manning quien me hizo confiar en el "pájaro que vuela".

A Esther Garzón, quien con su amor me ha devuelto la confianza y seguridad de poder creer y vivir en la amistad (Eclesiástico 6, 5-17).

*"Al atardecer nos visita el llanto,
y por la mañana la alegría"*

Salmo 30,6

INTRODUCCIÓN

En este libro se relata la historia de una vida llena de pesares, anhelos y esperanzas.

Es la historia de una pequeña llama que, por el poder y la gracia de Dios, llegó a ser un instrumento usado por Él para prender un tremendo y luminoso fuego en la evangelización del pueblo hispano. Es la historia de Marilynn Kramar y de los sueños y milagros que se llevaron a cabo durante una vida entregada totalmente al Señor.

Al leer esta historia, verás que las crudas realidades de la vida tocaron fuertemente a su puerta. El amor, el matrimonio, los niños, la llamada del Dios Santo a predicar el Evangelio, los disgustos, las penas y los sueños frustrados han sido los protagonistas de este drama.

Pero por cada nube negra en su vida, el Señor le regalaba cielos claros y arco iris. La sanación, la reconciliación, la recuperación y la paz también fueron protagonistas importantes en esta historia. Nadie mejor que Marilynn para contarnos su historia, y así lo hace por medio de este libro.

Su vida y su historia han sido de gran bendición para muchos y es nuestra oración que este libro también lo sea para miles de personas más.

Olguita Gary
Los Ángeles, California

P R E F A C I O

PREFACIO

Una historia para *compartir*

Con mis zapatos en las manos y bañada de sudor, caminaba hacia la puerta de salida de la Arena de Deportes de Los Ángeles. Era la noche final del Encuentro Latino Internacional, el evento anual de evangelización y renovación católica presentado por Carisma en Misiones.

Como si estuviera viendo una película, por mi mente pasaban miles de rostros, llenos de lágrimas, arrepentimiento y alegría. Los participantes provenían de México, Guatemala, de los demás países de habla hispana y de diferentes lugares de los Estados Unidos. Muchos de los 16.000 asistentes habían viajado en autobús cuatro días con sus noches, para participar en este evento lleno de proclamación y consagración vibrante.

Mi corazón estaba lleno de satisfacción por haber compartido la plataforma con los evangelizadores de Carisma en Misiones. Mientras los observaba, recordé que, no hacía mucho tiempo, varios de ellos fueron esclavos del alcohol, estaban en medio de divorcios y sufrían tantos otros problemas de la vida. Ahora formaban parte del corazón de Carisma en Misiones y del ministerio de evangelización.

Las melodías de los cantantes de música cristiana aún resonaban en mis oídos. Son artistas que han llegado al Señor por medio del ministerio de Carisma en Misiones y ahora dedican su talento a "cantar un cántico nuevo" a las multitudes hispanas.

Al acercarme a la puerta de salida, vi con sorpresa que un hombre me esperaba. Era Glenn, quien había sido mi esposo 20 años atrás. Al saludarme y abrazarme me dijo una vez más: "Eres una gran dama. ¡Estoy tan orgulloso de ti!".

Mientras caminaba hacia el auto me decía: "Soy la misma persona de siempre. ¿Qué habría hecho sin tu amor, Jesús? Cada momento de mi vida ha sido tan valioso, y aún Tú no has terminado conmigo. Juntos hemos caminado por largo rato. Sigamos juntos. Verdaderamente tenemos una vida e historia para compartir con otros".

1

N A C E U N

NACE UN corazón *misionero*

Vine al mundo el 5 de mayo de 1939. Ésta es una fecha muy importante para los mexicanos, ya que en este día se llevó a cabo uno de los combates más importantes para lograr su independencia: "La Batalla de Puebla". Esta coincidencia alentaría muchas veces mi espíritu en el futuro.

Mi papá, William Roberts, procede de una sencilla familia del estado de Idaho en los Estados Unidos. En su familia, los recursos económicos eran muy reducidos. Lorine, mi mamá, creció por el contrario, en el sur de California, en una próspera y opulenta familia sueca. El papá de mi mamá y sus hermanos manejaban una floreciente fábrica de gabinetes. A mi mamá le hubiera gustado criarme con una cucharita de plata en la boca, complaciéndome con todo aquello que necesitara y deseara.

William y Lorine se casaron, unidos por su amor hacia el Señor y su Palabra. Tanto era el amor que sentían hacia el Señor que mi papá se hizo ministro de una pequeña comunidad de las Asambleas de Dios en Inglewood, California. Su congregación llegó a ser una de las más grandes iglesias de las Asambleas de Dios al sur de California.

Mis padres trataron de concebir un bebé durante mucho tiempo. A los cinco años de casados, mi madre dio a luz a un varoncito, quien murió nueve días después. Este dolor fue aún más grande cuando el doctor le dijo que ella no podría tener más niños. Pero después de mucha paciencia, oración y otros cinco años de espera, Dios les concedió a mis padres su deseo y ellos concibieron una niña. Nací prematura en el séptimo mes, y a primera vista parecía que estaba destinada a una corta vida, pues no solamente influía el ser prematura, sino que también nací con una anormalidad mortífera. Me faltaban algunos tendones en el cuello y tenía allí un tumor que salía hacia el exterior. Me pasé los tres primeros meses de mi vida en una incubadora y dicen que lloraba constantemente.

Otros padres hubieran perdido las esperanzas al ver que su recién nacida padecía tantos problemas físicos. Sin embargo, mis padres eran diferentes, por lo que enfrentaron esta prueba de otra manera.

Cuando William Roberts se enteró de que su niña de tres meses de edad probablemente iba a morir, pidió a su congregación y a su pequeña audiencia de radio que se unieran a él en oración. Él y mi mamá invitaron a algunos de sus amigos más cercanos y compañeros creyentes de la iglesia a una jornada de oración. Siguiendo el ejemplo de Jesús y de los apóstoles, algunos de ellos impusieron sus manos sobre mí y rogaron a Dios intensamente por mi sanación.

Lo que entonces sucedió nunca aparecerá en ningún diario médico o libro científico. Por primera vez en mis tres meses de vida pasé una noche tranquila.

Pasé esa noche ¡tan calladita que mis padres pensaron que había muerto mientras dormía! Para el asombro y alegría de todos, me había sanado. El tumor que tenía en mi cuello desapareció y éste se veía fuerte y normal. Hasta los rayos X y el examen clínico demostraron que yo tenía un cuello perfecto y normal. Tan normal que me he pasado el resto de mi vida convencida de que nada ni nadie puede dañar el cuello que Dios sanó.

Durante mi niñez, mis padres me llevaban adondequiera que iban. También me dejaban jugar con los demás niños de mi vecindario. Durante ese tiempo de juegos infantiles tuve muchas oportunidades de participar en diferentes deportes y siempre ganaba la mayoría de las carreras. Quizás por eso, muchas de las veces, los niños me escogían como la capitana de sus equipos.

Mi niñez como la hija del pastor

HIJA DEL PASTOR

Aún recuerdo con gran alegría cuando nos mudamos a la nueva casa que mis padres habían construido en el oeste de Los Ángeles.

Ser la hija de un pastor es como vivir en un jardín de rosas. Los privilegios que le ofrecen a uno son tan fragantes como pétalos de rosa, pero el escrutinio público y una alta expectativa se convierten en agudas espinas.

Crecí siendo la niña predilecta de mi padre y de la congregación en su iglesia. Cantaba con una voz preciosa. A los dos años de edad, ya cantaba en el programa de radio de mi papá. Aunque la música fluía en mí muy fácilmente, con el estímulo de mi mamá aprendí a tocar el piano, la marimba y el acordeón.

Mi padre me inculcó el gusto de montar a caballo y esto despertó en mí un gran amor por todo tipo de actividad al aire libre como montar en bicicleta, hacer deporte y hasta patinar sobre el hielo. Tengo muchas memorias alegres de mi infancia.

Aunque mi papá era el pastor de una iglesia y estaba muy ocupado, él siempre me dedicaba los sábados, como nuestro día especial y lo pasábamos montando a caballo, nadando, en paseos o montando en bicicleta.

Cada verano viajábamos a la ciudad de Twin Falls en el estado de Idaho donde vivía la familia de mi papá. Allí aprendí a manejar un tractor, a los ocho años de edad. De cacería con mis primos y tíos aprendí a tirar al blanco.

Durante una de esas excursiones de cacería, me encontré de frente con una serpiente cascabel. Pero en lugar de correr asustada, le di un tiro con la escopeta y la maté. Mi papá vino corriendo y le cortó la cabeza a la serpiente. Con picardía me acuerdo que mi mamá por poco se desmaya cuando le llevé los cascabeles, de pensar que su pequeña Marilynn había estado tan cerca de una serpiente tan peligrosa.

Con experiencias como ésta, mi papá me enseñó a no tenerle miedo a nada. Con él a mi lado, siempre sentía que todo era posible.

Cada uno de mis padres aportó a mi vida algo especial. Mi padre me infundió una gran pasión por disfrutar de la vida. Mi mamá, por el hecho de ser sueca, me hizo ser consciente de la precisión. Su actitud humilde, modesta y con los ojos siempre puestos en Dios, establecía un equilibrio perfecto con el proceder libre que tanto me gustaba de mi papá.

Todo lo que mamá hacía era organizado y bien hecho. Cada lugar en la mesa estaba inmaculado. Cada comida era una dieta balanceada. Ella nunca se olvidaba de darme mis vitaminas. Me acuerdo que siempre tenía que tomar *Myladol* (aceite de pescado) cada mañana, antes de ir a la escuela y también a la hora de dormir.

Ella se aseguró de que tomara clases para aprender a tocar el piano desde muy niña y me hacía practicar al menos una hora al día. ¡Hasta contaba los minutos para estar segura de que no perdiera ni uno!

Durante mi niñez, alguien tenía que darme lecciones sobre cómo mantener una casa, manejar el dinero, criar una familia y levantar el honor de un siervo de Dios en medio de la congregación. Pero mi mamá no estaba completamente bien de salud. Ella tenía frecuentes problemas con su corazón y no era capaz, como mi papá, de mantenerse al tanto de mi entusiasmo juvenil.

Las espinas del escrutinio *público*

ESCRUTINIO PÚBLICO

¡Más difícil que ser la hija de un pastor es ser la hija única del pastor! Mientras crecía me enfrentaba cada vez con más frecuencia a las espinas del escrutinio público.

Primero fueron pequeñas cosas. Pero pronto, dichas situaciones empezaron a molestarme de veras. "¿Por qué siempre me tienen que estar mirando? ¿Por qué siempre esperan que yo me comporte como un ángel?".

Yo no sentía miedo de hablar por el micrófono de la estación de radio de mi papá, ni me temblaban las piernas al pararme en la plataforma de la iglesia durante los servicios. Tampoco le temía al galope de los caballos que tanto me gustaban, pero sí comencé a tenerle pánico a las permanentes miradas de la congregación sobre mí.

Todo lo que yo hacía parecía ser propiedad pública. Durante unas vacaciones en una escuela bíblica, cambié mi trabajo final de arte por el de una amiga. El de ella me parecía mucho más bonito que el mío. Entonces, lo cogí, quité su nombre y puse el mío en su lugar. Cuando fui descubierta, el cuchicheo no paraba. Hasta mi mamá se enteró y entonces sí que estuve en un verdadero apuro.

Yo no sabía qué hacer... no sabía en dónde encontraría tranquilidad... y así el tiempo pasaba y yo seguía creciendo. Pero también crecía en mí la rebeldía contra un control excesivo. No me fui de mi casa, ni tampoco abandoné la fe de mis padres. Simplemente, me distancié de las personas espirituales de la congregación.

Al alejarme de la luz, poco a poco, me fui acercando a la tiniebla del pecado. Como un tierno botón de rosa me di cuenta de que varios jóvenes de la congregación empezaron a prestarme atención. A los 11 años de edad comencé a escaparme de los ojos inquisitivos de la congregación y a verme con mis enamorados en la pila bautismal, que se encontraba detrás del púlpito de la iglesia. Recuerdo que allí fue donde recibí mi primer beso de jovencita enamorada. En el lugar donde otros se sumergían en el Espíritu Santo, yo fui a sumergirme en gozosas aventuras juveniles.

No es difícil imaginar hasta dónde me hubiera llevado esta aventura, en caso de no haberse terminado. Por ese tiempo mi papá renunció a ser pastor, yo tenía 12 años de edad y mi mamá y yo pronto nos vimos buscando una nueva iglesia y nuevos amigos. De buenas a primeras, yo ya no era el centro de atención.

¿Por qué me has *abandonado?*

ME HAS ABANDONADO

Aunque mi padre siempre se mantenía muy ocupado en el trabajo ministerial, hallaba tiempo para estar conmigo. Pero todo esto cambió cuando dejó de ser pastor de la Iglesia de Inglewood. Este cambio en la carrera de mi padre trajo consigo grandes transformaciones en la vida personal.

La *Far East Broadcasting Company* quebrantó la relación familiar y mi vida en particular. Ésta era una compañía misionera de radiodifusión.

Trabajando con compañeros como John Broger y Bob Browman, mi papá llevaba el mensaje del Evangelio a creyentes en las Islas Filipinas, Rusia y China, por medio del alcance misionero de la radiodifusión.

Después de mucha oración, él sintió que debía renunciar a su posición en la Iglesia de Inglewood y trabajar en este esfuerzo misionero. Sin embargo, este trabajo no estaba bien definido. El salario no era seguro ni tampoco el horario. Papá comenzó a dejarnos solas a mi mamá y a mí en California, y a viajar a otros países con mayor frecuencia.

Sentí como si mi familia hubiera pasado de un caliente día de verano a una fría noche de invierno, sin haber tenido ni crepúsculo ni otoño. Un día, nosotros teníamos la seguridad y el prestigio de ser la familia del ministro; al otro, éramos laicos en la congregación de otro pastor.

Por primera vez en casi 25 años, tuvimos que mudarnos y buscar una nueva iglesia y dejar de ser objeto de la atención general. Mi madre y yo terminamos ocupando el segundo lugar, no sólo a los ojos de nuestra nueva congregación sino también en el corazón de mi padre, todo a causa de su nuevo proyecto misionero de radiodifusión.

Como mi papá ya no estaba muy a menudo en casa, puesto que concentraba toda su energía en el nuevo ministerio, mi madre tuvo que empezar a tomar muchas decisiones por sí misma. Por esos días me sentía muy sola y resentida por haber perdido a mi papá. Los momentos de plena alegría se fueron y los días en los que esperaba a que él llegara de la iglesia para poder jugar pelota, ya no existían más.

Al menos estas situaciones quitaron de mí la carga de ser la hija del pastor y comencé a esperar con interés el mudarnos de la Iglesia de Inglewood y comenzar una nueva vida, como una de las muchas personas de la congregación. Templo Bethel fue la nueva iglesia de la que nos hicimos miembros. Ésta es la iglesia madre de las Asambleas de Dios en Los Ángeles. No obstante, yo extrañaba a mi papá mucho...

Para compensar mi soledad, le presté más atención a mis amigos del barrio. Recuerdo que pasaba el tiempo jugando con ellos en la calle, hasta el anochecer. Parecía que todos mis amigos eran también hijos únicos, así que para mí eran mucho más que compañeros de juego. Los sentía como mis hermanos. Pasamos muchas horas felices montando en bicicleta y planeando nuestros fines de semana.

Durante la Pascua, mis amigos y yo íbamos de casa en casa, recogiendo todos los árboles de Navidad después del día 25 y los poníamos en pila en mi patio, para luego construir una fortaleza tan grande como el patio entero. Luego, pasábamos algunas semanas imaginando que acampábamos o que éramos soldados.

Pero estos juegos con mis amigos no me podían quitar la tristeza de saber que los días de juego con mi papá ya no existían. Él ya no practicaba deportes, ni viajaba o iba a montar a caballo conmigo. Cada vez que yo acompañaba a mi madre a despedir a mi papá al aeropuerto para sus largos viajes de mes y medio o más, me acuerdo que lloraba por semanas. Una de las tristezas más grandes de mi juventud fue saber que él se iría una y otra vez. Sentía que mi corazón se quebrantaba.

Los matamoscas

Mientras tanto, mamá se enfrentaba a sus propios desafíos. Papá permanecía aproximadamente nueve meses del año, propagando el evangelio y recaudando fondos para el ministerio de la radio, pero muy poco de este dinero llegaba a nosotros.

Muchas veces, mamá y yo estuvimos en la casa muertas de hambre. Teníamos que buscar nuestro sustento. Frecuentemente, Dios bendecía el ministerio con suficientes recursos para que papá nos pudiera mandar algo, pero cuando los recursos no llegaban, nos manteníamos esperando el cheque y orando.

Creo que no oraba mucho cuando era pequeña, pero sí contaba con las oraciones de mi mamá y creía que, de algún modo, el Señor nos daría la sabiduría para saber qué hacer. Me acuerdo que los recursos nos venían del cielo. Vecinos, que ni siquiera nos conocían, nos decían: "Dios nos dijo que les trajéramos esto". Una noche, nosotras no sabíamos en dónde ni qué íbamos a comer y uno de mis pequeños amigos le pidió a su mamá que nos invitara a cenar con ellos.

Mi mamá nunca fue lo suficientemente saludable como para buscar un trabajo. Una vez, ella aceptó un trabajo de 20 horas pero no pudo soportar el estar de pie durante tanto tiempo. Lo único que ella deseaba en realidad, era tener a su esposo a su lado y volver a ser "la esposa del pastor".

Recuerdo que mamá ahorraba sus centavos para poder comprarme un par de zapatos para el comienzo de mi escuela en septiembre.

¡Qué diferencia había ahora en la vida de mi mamá! Antes de casarse, Lorine Roberts llevaba una vida confortable y sin problemas. Cuando se casaron no tenían mucho para empezar, pero poco a poco establecieron un hogar cómodo como la familia de un ministro en Inglewood, California. Ahora mi mamá tenía que reubicarse una vez más, casi sin recurso alguno.

Pero mamá y yo éramos ingeniosas. Ella halló la manera de usar el plástico que sobraba del negocio de gabinetes de su hermano. Entre ella y yo hicimos pequeños moldes y cortamos flores con este plástico, para adornar matamoscas comunes. Con un poquito de goma, hilo y aguja creamos un útil y adornado matamoscas que yo vendía de puerta en puerta después de la escuela. Con uno y dos dólares que recibía de cada uno, ganamos suficiente dinero para comprarnos un nuevo traje cada una, para asistir al congreso general de las Asambleas de Dios, y todavía nos quedaba hasta para pagar el viaje.

Un enamorado llamado *Glenn*

MI ENAMORADO

Uno de los muchachos más talentosos en el departamento de música del templo de Bethel, la iglesia a la que yo asistía, era Earl Glenn Kramar. A la edad de quince años, tocaba el violín. Siempre estaba bien vestido y parecía querer estar sólo conmigo. Glenn era muy cortés y constantemente hacía gestos que me demostraban su interés en mí.

Yo ya no era la hija del pastor en la congregación y tampoco tenía un gran deseo de servir al Señor. Glenn llegó a mi vida como una interesante diversión. Nosotros formamos un grupo de canto que Glenn disfrutaba mucho. Él parecía estar muy interesado en todo lo que yo hacía, en cómo me vestía y en cómo me veía. Siempre me decía cumplidos y me hablaba sobre lo linda que era.

Su familia vivía en una granja de naranjas en La Puente, California. Su hermana menor se llamaba Evelyn, el hermano mayor se llamaba John y era casi de la misma edad que Glenn. Con insistencia la gente le preguntaba a Glenn: "¿Por qué no eres tan bueno e inteligente como tu hermano?". Glenn mencionaba lo duro que resultaba ser constantemente comparado con su hermano. Glenn siempre trataba de demostrar que él era tan bueno como los demás hermanos.

La familia de Glenn estaba entregada al Señor. Su mamá, Edith, y su papá, John Willard, eran devotos laicos en las Asambleas de Dios. Glenn nunca pareció estar muy cerca de sus padres. De hecho, se sentía algo avergonzado de que ellos fueran más pobres que muchas familias que él conocía y se abochornaba porque su padre siempre vestía ropa de labrador y nunca parecía tener amigos que "a los ojos del mundo" se vieran más importantes. Glenn hasta sentía vergüenza de su rancho en La Puente.

Yo estimaba mucho a los padres de Glenn. Su madre, Edith, ayudó en la organización de una conferencia juvenil donde conocí al hombre más importante de mi vida, cuyo nombre no era Glenn.

Llegué al Cordero de Dios en el campamento *Big Bear*

CORDERO DE DIOS

La conferencia de jóvenes se llevó a cabo en Big Bear, California. Glenn, desde luego, estaba allí. Yo también acudí porque él me animó. Pero el más importante encuentro para mí durante ese fin de semana no fue con Glenn.

No tenía deseo alguno de mezclarme con los jóvenes que les gustaba orar y compartir el Evangelio con otros. De hecho, mientras ellos se reunían por las noches en el salón principal para orar, yo me escondía en mi cuarto esperando que no me vinieran a buscar.

Pero Evelyn, la hermana menor de Glenn, no aceptó mi comportamiento. Una de esas noches, me fue a buscar al cuarto y me encontró descansando tranquilamente, con mi pijama de franela.

"Marilynn, ¿por qué no vienes a orar con nosotros?".

No estaba dispuesta a ceder en mi idea personal de no comprometerme con nada. Pero tampoco quería decirle que no a una amiga y perderme de estar en medio de la acción, así que decidí acompañarla a la reunión.

"Está bien, voy a ir. Pero sólo porque eres tú quien me lo pide".

El plan que yo tenía era ir y esconderme en la parte de atrás del salón, de manera que ni siquiera me cambié de ropa: me fui en pijama a la reunión y con una bata de casa por encima. No obstante, algo de lo que pasaba allí llegó hasta donde yo estaba en la parte de atrás del recinto. De repente comencé a hablarle a Dios libremente en oración, era algo que no había hecho por muy largo tiempo. Empecé a decir: "¡Está bien, Señor, haz lo que quieras de mí".

El Espíritu Santo vino sobre mí y me llenó por completo. Permanecí desmayada por tres horas. La sensación que percibí era como si el Señor Jesús me estuviera abrazando muy fuerte, mientras me decía: "Yo te amo, te amo y te necesito". Y yo le contestaba: "Yo también te amo".

Aunque fui criada en una familia cristiana, nunca había sido capaz de hacer una confesión pública personal de mi fe en Cristo. Me acuerdo de las tantas veces que quise ir al altar, pero siempre sentía que alguien me miraría y se sorprendería de ver que hasta ese momento la hija del pastor iba a conocer y amar a Jesús. De ahí que todos esos años los pasé observando cómo otros dedicaban sus vidas al Señor pero yo, por pena y vergüenza no lo hacía. Siempre, después del servicio en la iglesia me iba a mi casa y en la privacidad de mi propio cuarto ofrecía al Señor mis cortas oraciones.

No sé verdaderamente qué me impidió dar este gran paso de fe. Quizás fue la pérdida de la cercanía de mi papá o el miedo de que alguien me observara. Tal vez fueron las presiones financieras de nuestra familia, las expectativas que otros demandaban de nosotros o la culpabilidad que yo sentía. Pero todo esto pareció desaparecer cuando el Espíritu Santo vino sobre mí.

Cuando me di cuenta de lo que me estaba pasando, ¡habían transcurrido tres horas! Todos los otros jóvenes se habían ido a dormir y me dejaron sola con el Cordero de Dios. Él fue quien se enfrentó a la bestia de la confusión que moraba en mi vida... y ganó la batalla.

¡Cuánta diferencia! Antes había disfrutado de estar al aire libre, porque tenía un espíritu de libertad, era una persona muy entusiasta con los deportes y disfrutaba pasando tiempo con mis amigos; ahora, caminaba por las montañas bajo el dramático cielo nocturno y miraba en la distancia un grupo de estrellas en el cielo y abajo las luces de la ciudad. Sentí que un gran entusiasmo se encendía dentro de mí, el cual no ha disminuido hasta el día de hoy.

Recuerdo que pensaba: "Tengo que decirle al mundo entero que Jesús los ama tanto a ellos como Él me ama a mí".

Mis primeros pasos con *el Señor*

¡Hay tantas oportunidades para los jóvenes de participar del gozo de trabajar para el Señor! Pero en ese entonces, a los 15 años de edad, no sabía cómo servirle. No sabía en dónde compartir la Buena Nueva del Evangelio. No sabía ni cómo ni cuándo hacerlo.

Empecé por compartir mi entusiasmo con los jóvenes de la iglesia. Pero ellos no estaban muy interesados en alguna misión en particular. Simplemente eran "buenos muchachos". Con este nuevo fervor en mi vida, me di cuenta de que había algo dentro de mí que era muy especial. Necesitaba y quería expresar y contar lo que me había sucedido.

Afortunadamente tenía una amiga llamada Gladys Pearson. Ella era una maravillosa predicadora de la Palabra de Dios, una evangelista misionera. Siempre había admirado su fervor. Ella había sido amiga de mi familia durante algunos años y había predicado en la iglesia donde mi papá fue pastor y también en otras muchas iglesias de las

Asambleas de Dios. Por años viajó como evangelista misionera, y siempre que visitaba nuestra iglesia, mi corazón latía con el deseo de consagrar mi vida a Cristo y convertirme también en una evangelista.

Naturalmente, Gladys se dio cuenta de lo que me estaba sucediendo y me invitó a recorrer con ella las calles de Los Ángeles.

Una noche nos encontramos en la esquina de las calles Quinta y Main. Gladys me dijo: "Marilynn, ¿por qué no les dices a estas personas lo que el Señor ha hecho por ti?".

Delante de mí había un pequeño grupo de borrachos y prostitutas que me hacía recordar las veces que mi padre me llevó por dichas calles, para enseñarme la realidad del mundo. Él quería que comprendiera el pecado y sus consecuencias. Ahora, yo estaba cara a cara con la oportunidad de hacer algo por dicha situación.

"Está bien, lo haré".

Decirle a Gladys que lo iba a hacer era muy fácil. Sin embargo, saber qué decirle a esta audiencia era otra cosa. Me paré allí. No me acuerdo cómo empecé. Quizás canté una alabanza, porque la música era parte de mí. Las personas empezaron a acercarse para escuchar. Sus necesidades me impresionaron profundamente.

Regresé a nuestra iglesia y empecé a reclutar otros jóvenes para ir a las calles con nosotros. Comenzamos a buscar la manera de visitar a las personas abandonadas en las misiones de Los Ángeles. Entonces recibí invitaciones para cantar y predicar en las misiones de la ciudad. Empezamos a hacer visitas regulares al centro de Los Ángeles y a servir a estas personas los lunes por la noche.

Glenn formaba parte del grupo y compartía el amor por aquellas personas tan necesitadas. De hecho, él me ayudó a empacar mi pastel de cumpleaños y compartir mi celebración con estas personas oprimidas que, a menudo, pensaban en su último cumpleaños.

Una de estas personas me causó una impresión duradera. Era un señor de edad que había estado en la cárcel por casi 30 años y acababa de ser liberado. Estaba muy triste y solo. Me explicó que había perdido su familia, todas sus posesiones y también su casa. Lloraba al escucharme predicar o cantar. Mencionó que yo le recordaba a la familia que había perdido.

Experiencias como ésta fortalecían mi decisión de ofrecer mi corazón y mi vida para ayudar a las personas necesitadas de nuestro mundo.

Dedicación y matrimonio

MATRIMONIO

Debido a estas vivencias mutuas, me fui acercando más y más a Glenn Kramar. Además de las actividades de la iglesia, a Glenn también le gustaba pasar el tiempo con mi familia. En aquellas raras ocasiones, cuando papá estaba en casa y no viajando por todo el mundo, Glenn se sentía como en su casa. La tranquilidad de mi familia era para él una bienvenida, en comparación con el perfil estructurado de su familia. Glenn se sentaba y hablaba por horas, a pesar de que yo no estuviera en casa.

A los 17 y 16 años, respectivamente, Glenn y yo aún teníamos mucho que madurar. Debí haberme dado cuenta de que no era el momento de comprometernos en serio, al ver claramente los problemas que se evidenciaban en la vida de Glenn.

En una ocasión, después de que varios amigos de la iglesia le hicieron una broma acerca de algo insignificante, desapareció por horas y luego no me contó adónde se fue, ni lo que hizo. En otra oportunidad se puso muy celoso por la relación que yo tenía con mis amigos en el barrio. En medio de su furia golpeaba su cabeza contra el carro hasta que le rogué que parara de hacerse daño.

Expresiones como éstas me advertían que la decisión de casarme era algo muy serio y yo no estaba preparada para hacerlo. No obstante, sentía que en realidad lo amaba. Quería un esposo y una figura masculina en mi vida para sentirme completa. A pesar de sus problemas, Glenn estaba interesado en mí y en el trabajo del Señor. Antes de que me diera cuenta de lo que estaba pasando, éramos novios.

Las cosas pasaron muy rápido. Nuestro amor era lo más importante en la vida, aunque también era fundamental el hecho de que Glenn tuviera que cumplir con su obligación militar. Nos hicimos novios e inmediatamente nos separamos por dos años, mientras él servía en la Marina.

La espera no fue *fácil*

NO FUE FÁCIL

Yo era una jovencita de 16 años y Glenn, mi novio y querido amor, estaba muy lejos de mí. Durante sus dos años de ausencia yo me divertía sanamente, pero una relación que surgió no lo fue tanto.

Deseaba trabajar después de la escuela y ahorrar algún dinero. Encontré un trabajo con la compañía J.C. Penny´s. Estaban contentos con mi trabajo y yo, encantada al ganar un poco de dinero.

Todos los días, después de la escuela, caminaba hacia el trabajo y pasaba por el frente de una venta de carros usados. El gerente era un hombre mucho mayor que yo; sin embargo, él empezó a atraer mi atención e interés. Quizás vi en él la figura de un padre. Talvez representaba el fuerte y masculino compañero que yo tanto añoraba tener en mi vida. De pronto me sentía más sola de lo que imaginaba.

Así empezamos a pasar más y más tiempo juntos. Hasta ese momento yo creía que había aprendido muchísimo acerca de romances con mis enamorados de la iglesia en Inglewood. ¡Pero este veterano sabía cómo vender mucho más que carros usados!

Después del trabajo, lo iba a ver, y nos sentábamos en la parte de atrás del lote de venta. Entonces se despertaron en mí, por primera vez, deseos sexuales que jamás pensé que podría sentir. Sus palabras y caricias inundaban mi ser y me llenaban de deseos por él. Anhelaba las oportunidades de verlo.

En este tiempo, nunca consumamos tales deseos, pero en mi mente permanecía su imagen y un constante deseo por él. Nadie jamás me había hecho sentir tan bella como él. A veces iba a visitarme a mi trabajo y mi corazón saltaba.

Le escribía a Glenn diariamente y le enviaba la carta a algún destino en el Pacífico... y también diariamente preparaba mi próxima reunión con mi amigo, el vendedor de carros.

Esta contradicción interna que duró casi dos años impedía mi relación con el Señor, de forma tal que me hubiera avisado que mi unión con Glenn no estaba tan firme como debía estarlo.

Pero no todo era tinieblas. Durante nuestro noviazgo de dos años, Glenn y yo nos escribíamos a diario. Mirando hacia el futuro, compartíamos con alegría sueños y deseos. Esto me mantenía a flote.

Señora

GLENN KRAMAR

Glenn Kramar

Glenn regresó de la Marina y se acercó el día de nuestra boda.

Tres días antes de la ceremonia, ocurrió algo que debía haberme indicado que no todo andaba bien. Glenn entró en una de sus furiosas crisis y manifestó su disgusto, dándose golpes en la cabeza contra la pared de mi casa. Se sentía que no era digno de ser mi esposo e inseguro de su habilidad para proveer adecuadamente mis necesidades.

"¡No quiero casarme con él! ¡Quiero cancelar la boda!, le grité a mi madre.

Pero mamá nos reunió dentro de la casa, nos habló y nos hizo discutir la situación. Se hicieron promesas y se calmaron los ánimos. Los preparativos para la boda siguieron adelante.

En retrospectiva, es fácil decir que no debíamos habernos casado. Pero aquello hubiera hecho perder la marca de Dios en nuestras vidas. Al lado de Glenn, seguí la voluntad de Dios por medio de cientos de experiencias que ayudaron después a miles de personas.

No podemos escoger nuestros padres o familia. Así sucede con la mano de Dios. A veces no podemos elegir los compañeros con los que servimos al Señor. Me casé a los 18 años de edad y llegué a ser la señora Glenn Kramar el 3 de agosto de 1957. Mi padre, el pastor William Roberts, ofició la ceremonia.

Llamada por el Señor

LLAMADO

Al observar la vida de mis padres, Glenn y yo habíamos decidido que la rigurosa entrega del ministerio no era para nosotros. Glenn siempre había querido estudiar y trabajar en negocios. Él intentaba graduarse en UCLA, la Universidad de California en Los Ángeles, con un título en administración de negocios. Yo conseguí trabajo como secretaria ejecutiva en el museo del condado de Los Ángeles, en el Departamento de Historia.

Me encantaba mi trabajo y mis días eran alegres. Aprendí cómo organizar exhibiciones y hasta modelé trajes antiguos para las exposiciones que el museo preparaba. Todo esto llenaba mi vida de una gran alegría... hasta el día en que recibí mi primer cheque.

Con ese primer cheque me compré un precioso vestido rojo que me parecía muy bonito. En cuanto llegué a casa me lo puse para enseñárselo a Glenn. Su respuesta no fue lo que yo esperaba.

"¿Cómo pudiste haber gastado 26 dólares en un traje? ¡No entiendes que necesitamos ese dinero para pagar mis clases de la universidad!", me dijo enfurecido. Mi alegría de haber podido comprar algo lindo se deshizo frente a la rabia de mi esposo.

Pero aun así, nuestra vida continuó sin mayores problemas. Glenn siguió estudiando duro en UCLA y yo disfrutando de mi trabajo en el museo.

Las cosas cambiaron una noche durante el sermón de un evangelista en el templo Bethel. Esa noche, nuestras vidas fueron tocadas de una manera especial.

Eran ya casi las doce de la noche de aquel sábado de diciembre cuando el evangelista predicaba. Yo trataba de recordar lo que él había dicho: "Hay muchos que todavía no saben de la Buena Nueva del Evangelio de Jesucristo". Glenn estaba seguro de haber oído esa misma frase muchas veces desde la misma plataforma. Entonces, ¿por qué se escuchaba tan diferente?, ¿por qué estaba su corazón tan inquieto?

Después del servicio, Glenn se dirigió al altar para orar a solas. Yo me quedé sentada en un rincón, orando también. Como la luz de un faro, las preguntas empezaron a inundar mi mente y mi vida. ¿Qué estamos haciendo? ¿Hacia dónde vamos? ¿Cuál es el plan de Dios para nuestras vidas?

Después de un rato en oración, Glenn oyó una voz dentro de sí, una voz que conocía bien.

"¡Quiero que estés aquí!".

Sintió un deseo irresistible de acercarse al púlpito. Al obedecer y caminar hacia el púlpito en el silencioso santuario, Glenn sabía que Dios lo estaba llamando a ser ministro y a proclamar el Evangelio.

Sorprendido, pero lleno de reverencia, contestó: "Bueno, Señor, si eso es lo que tú quieres, entonces lo haré".

Sin embargo, todavía tenía sus dudas, pues Glenn se sentía muy cómodo en asuntos relacionados con el comercio y la administración. Se sentía capaz en ese tipo de trabajo, más no en el ministerio. Era tímido con gente extraña e incapaz de hablar en público. Cuando le pedían que le hablara a otros distintos a sus mejores amigos, su corazón palpitaba y casi no podía respirar.

Aun así, cuando se paró detrás del púlpito del templo Bethel, sintió que la llamada del Señor a predicar el Evangelio se llevaría a cabo no solamente en ese púlpito tan familiar, sino también en muchas otras plataformas.

Glenn no sabía cómo decirme todo lo que el Señor le había comunicado esa noche. Sólo llevábamos cuatro meses de casados, tratando de poner en práctica los planes que habíamos hecho por años. Durante este tiempo jamás consideramos la posibilidad de que Glenn fuera un predicador.

De todos modos, él confiaba en que ésta era la voluntad de Dios. Sin comprender cómo podría llevarse a cabo, sólo se entregó a los brazos de Jesús diciendo: Sí.

En otra parte del santuario, yo seguía orando. Nosotros siempre orábamos separados en la iglesia para así sentirnos libres de expresar nuestros sentimientos al Señor. Glenn oraba silenciosamente, mientras que yo era mucho más expresiva.

En el silencio de aquel lugar ya vacío, empecé a sentir el movimiento del Espíritu Santo dentro de mí. Por un momento tuve miedo porque sospeché que Dios iba a pedirme una dedicación más completa de mi parte. Yo sabía muy bien, por haber tenido a mis padres como ejemplo, la exigencia que tiene una vida dedicada al Señor y la absoluta obediencia al Espíritu de Dios. Glenn y yo habíamos acordado que jamás seguiríamos ese tipo de vida.

Pero Dios estaba hablándome directamente. Parecía decirme: "Ustedes son mis niños y yo tengo un plan para sus vidas que va mucho más allá de lo que han considerado o hasta ahora han imaginado. Entréguense en mis manos y yo les enseñaré claramente lo que hay que hacer".

Sentí que Dios me estaba pidiendo más que ser la esposa de un ministro. Había algo extraordinario en la llamada del Señor; algo mucho más grande que la misma ciudad de Los Ángeles, pues tenía una dimensión "mundial".

¿Estaría dispuesta a cambiar mis planes y dejar que Dios me enseñara una nueva dirección? ¿Tendría disposición para recorrer ese camino que Glenn y yo habíamos decidido nunca seguir?

La tranquila voz dentro de mí era tan urgente que no había otra cosa que decir más que: "Sí, Dios mío". Y con ese asentimiento, la paz y la alegría inundaron mi alma.

"Pero, Señor", continué orando, "vas a tener que hablar con Glenn porque él tiene su corazón fijo en trabajar en los negocios y sería imposible para mí convencerlo de seguir otro tipo de vida".

En el camino a casa, comencé a hablar de esta nueva convicción en mi corazón. "Cariño, quedémonos aquí afuera por un rato. Tengo algo que decirte". Respiré profundamente y oré en silencio por las palabras que le diría a Glenn, para comunicarle lo que yo había sentido esa noche.

"Glenn, esta noche en oración, sentí que el Señor me pedía que considerara un tipo diferente de vida del que nosotros hemos estado pensando. Siento que Él nos está llamando a trabajar en el ministerio".

Glenn me miró sonriendo y me dijo: "Cariño, no te preocupes, Dios también me habló".

Nos abrazamos, reímos, lloramos y hablamos. Y después reímos y lloramos aún más. Maravillados, nos preguntábamos qué sería lo que Dios quería de nosotros y cómo podríamos llevarlo a cabo. Éramos jóvenes de 19 y 20 años y no podíamos imaginar servir al Señor como ministros.

"Ay, Dios mío, perdónanos por decir que nunca podríamos ser ministros". Esa fue nuestra oración aquella noche y estoy convencida de que Dios nos contestó. Pero a veces pienso que hubiera sido bueno preguntarle cuánto nos iba a costar servirle.

De UCLA a Pasadena

Inmediatamente después de esa noche, Glenn guardó sus libros de negocios y compró los libros teológicos que necesitaría para sus clases en el Colegio Nazareno de Pasadena. También consiguió un trabajo arreglando los maniquíes en las vidrieras de J.C. Penney´s, otro vendiendo zapatos y realizando distintos oficios para poder pagar su larga preparación para el ministerio.

Glenn y yo continuamos nuestros servicios semanales para los indigentes en Los Ángeles.

Decidimos tener reuniones en las calles al igual que en el edificio de misiones. Aunque Glenn era tímido, poco a poco empezó a compartir la Buena Nueva en público. Su confianza y capacidad para comunicarle a otros lo que Dios había hecho en su vida crecía con cada oportunidad de predicar.

Una vez más, los lunes por la noche se convirtieron en noches misioneras. Glenn y yo ayudamos a conducir los servicios para personas desplazadas y sin hogar durante la hora de la cena. Algunas veces, otros ministerios surgían; pero a menudo estábamos solos. Ellos eran una audiencia esporádica, sin embargo, el amor y la necesidad de ambos hicieron que se convirtiera en una experiencia semanal.

Yo tocaba el piano, mientras Glenn conducía las canciones. Una vez más celebré mi cumpleaños con dicha congregación especial. Había 19 velitas en mi pastel. Aún era muy joven, pero estaba creciendo rápidamente en el conocimiento del Señor.

Glenn se mantenía activo en el grupo de jóvenes del templo Bethel de Los Ángeles y decidió compartir esta experiencia misionera con ellos. Él quería tener sus reuniones en las calles y no en el edificio misionero.

El primer lunes, 16 jóvenes de la iglesia vinieron con sus panderetas y otros instrumentos musicales y empezaron a cantar bajo luces intermitentes que anunciaban: “Camas por 50 centavos”.

Un pequeño grupo de personas se reunió alrededor. Después de un tiempo paré la música y Glenn comenzó a predicar espontáneamente. “Desde que conocí a Jesús, todo en mi vida es diferente. Yo sé que Él puede cambiar cada una de las vidas aquí presentes”.

El amor de Glenn hacia las personas era genuino y ellas escuchaban atentamente a este joven. Su mensaje era sencillo: el poder transformador de Jesús.

El equipo de jóvenes del templo Bethel seguía la dirección del Espíritu en sus corazones, años antes de que este tipo de actividad se convirtiera en un fenómeno nacional por medio de los “fanáticos de Jesús” que tanto impacto tuvieron en la juventud drogadicta de la década de 1960.

La gracia de Dios se derramaba en todos los barrios bajos de Los Ángeles. Muchas personas vinieron al templo Bethel y al corazón de Cristo, debido a estas reuniones en las calles y al trabajo de un matrimonio, cuyos miembros, en ese entonces, ni siquiera eran ministros oficiales de la iglesia.

Quizás la razón por la que muchos vinieron a escucharnos y se quedaron fue porque había un tono diferente en nuestro mensaje. Glenn y yo recordábamos claramente los discursos que otros predicadores siempre daban: "¡Van a ir al infierno!".

Nosotros veíamos las caras de las personas que nos escuchaban y sabíamos que detrás de los ojos duros y llenos de indiferencia, había personas anhelantes de ser aceptadas y liberadas del miedo que constantemente les rodeaba y acosaba.

Acusaciones, humillaciones y amenazas, únicamente harían que esa coraza que tenían en su corazón se cerrara con más fuerza, en un intento de borrar el miedo, el dolor y el remordimiento. Sólo la esperanza, la promesa y el amor podrían romper tal armadura.

Yo esperaba tener una vida organizada al lado de un marido que se estaba preparando para el ministerio en el Colegio Nazareno. Esta simple rutina duró seis meses.

Después de hablar con el pastor de nuestra iglesia llegamos a la conclusión de que nuestras intenciones eran las de llegar a ser pastores en la denominación de las Asambleas de Dios. Entonces, decidimos que Glenn terminara sus estudios de seminario en la escuela principal de la denominación localizada en Springfield, Missouri.

Vendimos nuestros muebles y casi todas nuestras posesiones recibidas como regalos de boda y nos fuimos camino de Springfield, Missouri, en una casa remolque.

Al llegar al colegio nos dimos cuenta de que los apartamentos matrimoniales habían sido un cuartel del ejército en el pasado, muy diferentes del hermoso apartamento que tanto había disfrutado en California.

Me acuerdo que hice lo más que pude para suavizar aquella atmósfera militar, con el fin de que

Glenn pudiera concentrarse en sus lecciones y en el Señor... pero su atención fue desviada hacia otra dirección.

2

E N B U S C A D E

EN BUSCA de *dirección*

Mi mejor amiga en el seminario donde Glenn estudiaba para el ministerio era una secretaria que vivía en una casa-remolque muy cerca de nuestro apartamento.

Trabajábamos juntas en la oficina general de las Asambleas de Dios en Springfield. Su esposo era compañero de clase de Glenn en el seminario. Teníamos mucho en común: deportes, los clubes de ejercicios, otras amistades y pasábamos bastante tiempo juntas. Naturalmente, Glenn también la conocía.

Una noche, esperaba que Glenn llegara a casa tarde. Pero cuando no apareció a la hora esperada me fui a dormir sin él. De la oscuridad me llegó un fuerte presentimiento; tan intenso y claro que me despertó repentinamente.

"¡Oh, no! Glenn tiene una aventura amorosa con mi mejor amiga".

Era increíble que esto fuera cierto. Pero cuando me desperté y analicé la situación, me di cuenta de que era muy probable. Yo había notado sus miradas cariñosas y las muchas veces que él, por insignificantes razones, había dado excusas para ir a visitarlos. Entonces le pregunté a Glenn si era cierto.

"Sí", me contestó y admitió que lo de ellos era una simple aventura amorosa. Esta confesión quebró todos mis sueños y confianza en Glenn y en el futuro.

Con un rápido movimiento, la filosa navaja de la infidelidad cortó una amistad para siempre y asustó a una familia. De la herida brotaron un sinnúmero de dudas y confusión.

¿Cuál fue mi falla al no llenar sus necesidades emocionales y físicas? ¿Habría otras mujeres en su vida de las cuales yo no estaba enterada? ¿Qué le iba a suceder a nuestro matrimonio? ¿A nuestro bebé que estaba por nacer? ¿Cómo podría permanecer fiel a un hombre que me había sido infiel con mi mejor amiga? ¿Y qué de nuestro compromiso con el Señor? ¿Quién más sabía de esta aventura amorosa? ¿Qué nos iba a pasar a nosotros ahora?

Beverly lloró en el teléfono cuando le pregunté si era cierto. Ella me imploró que la perdonara y me dijo que su amistad conmigo era más importante para ella que el estar con Glenn. Pero era demasiado tarde. Aunque en el futuro yo la iba a perdonar, jamás seríamos amigas íntimas de nuevo.

Si las preguntas se derramaban como un diluvio, las respuestas avanzaban tan despacio como un glaciar. En las siguientes horas, días y semanas, el dulce y caliente amor de Dios empezó a derretir el hielo de mi glaciar. Después de un tiempo comencé a recordar mi propia aventura amorosa con el vendedor de carros y me di cuenta de que el amor perfecto y la lealtad son regalos que nos vienen del Señor. No ocurren automáticamente. En la Biblia, Dios nos dice:

> *"El amor disculpa todo;*
> *todo lo cree, todo lo espera*
> *y todo lo soporta" .*
>
> *1 Co 13, 7*

Estas características son humanamente imposibles, pero cuando dos personas sinceramente quieren el amor de Dios en sus corazones, entonces, pueden aguantar, pueden perdonar.

Afortunadamente, Glenn estaba arrepentido. Quería cambiar. Deseaba caminar de nuevo con el Señor hacia las metas que nosotros teníamos.

"Cariño, ¿podrías perdonarme algún día?".

"No, Glenn, no podría, no por mí misma", pensé. "Pero con la ayuda de Dios todo es posible. Ayúdame Dios mío con mi falta de fe y yo podré perdonar a Glenn".

Rendirse a la tentación del pecado puede suceder muy rápidamente... pero, ¡oh!, las consecuencias se quedan con uno y complican las cosas.

Una vida confortable sirviendo al Señor

SIRVIENDO AL SEÑOR

"Madre", una vez le escribí a mi mamá en Los Ángeles, "¿Qué hago con Glenn? Él no parece ser capaz de predicar con confianza. ¡Jamás será como mi papá! Se preocupa demasiado antes de dar cualquier mensaje".

Mi mamá siempre me animaba. Ella me contó que mi papá también tuvo problemas cuando era predicador. "No te preocupes, mi amor. Cuando tu papá comenzó a predicar había doce personas en su congregación. Después de su primer sermón, seis se fueron y jamás volvieron. Si Dios pudo usar a tu padre como predicador, Él también puede usar a Glenn".

Los meses se convirtieron en dos años. Los duros estudios continuaban. Dios no parecía tener prisa alguna en informarnos cuáles eran sus planes para nosotros. Glenn no se sentía bien predicando, aun cuando ya estaba para graduarse en el Seminario. Era efectivo al comunicarse con otros, pero le costaba mucho esfuerzo hacerlo.

Pronto llegaría a nuestra familia una persona que nos iba a dar la oportunidad de practicar la Palabra de Dios las 24 horas del día. El 11 de septiembre de 1961, di a luz a William Marcos Kramar, nuestro hijo. Éste fue uno de los días más felices de mi vida.

Marcos y yo nos quedamos en Los Ángeles por seis meses, viviendo con mis padres, mientras Glenn trabajaba para la Oficina de Correos. Durante ese tiempo, ahorramos suficiente dinero para volver a Springfield, donde Glenn estaba terminando los últimos seis meses de estudios y se graduaría en el seminario.

En Springfield, Glenn siguió estudiando y también consiguió un trabajo en una pastelería. Yo permanecía en casa con Marcos, disfrutando de cada instante que pasaba con él y viéndolo crecer. Me acuerdo de todas las veces que lo ponía en su cochecillo y nos íbamos a caminar.

Marcos era un niño muy agresivo. No le gustaba dormir mucho. Me desvelé muchas noches, oyéndolo jugar en su cuna. El primer año fue difícil para mí, pues me encontré totalmente envuelta en su vida y en sus necesidades. Disfrutaba de la oportunidad de cuidar este bebé tan activo, pero a veces me sentía incapaz de hacerlo porque yo fui criada como hija única, sin hermanos.

Las circunstancias de la vida también me negaron la oportunidad de prepararme formalmente para el ministerio de predicación. Sin embargo, aprovechaba toda ocasión de hacerlo informalmente. Como mejor podía, trataba de aprender las técnicas para predicar, usando los libros de estudio de Glenn.

Pensábamos que el diploma del seminario sería para Glenn la promesa del Señor de trabajar en el ministerio, en el lugar donde nosotros quisiéramos. Pero no sucedió así.

Volvimos a
DE VUELTA
California

Nuestro primer acercamiento a la vocación misionera surgió de la invitación de mi papá, el pastor Roberts. En la ciudad de Belmont, California, había una oficina del Departamento Latinoamericano de la *Far East Broadcasting Network* y de la *Voz de la Amistad para América Latina.*

Nuestras responsabilidades incluían el trabajo de promoción de las estaciones de radio, al igual que la diaria administración de KGEI, la estación de radio. Glenn y yo ganamos experiencia hablando frente a diversos grupos, al recaudar dinero para el trabajo de este ministerio en otros países.

Muchas veces hablábamos por micrófono en muchas iglesias, compartiendo con ellos el ministerio y el trabajo de la *Far East Broadcasting Company.* Parecía que a Glenn le gustaba este tipo de actividad, aunque todavía le era difícil hablar en lugares extraños frente a nuevas audiencias.

Pero este trabajo misionero "a larga distancia" no nos entusiasmaba mucho en realidad. Glenn y yo queríamos un trabajo donde tuviéramos un mayor contacto con las ovejas del Señor.

Concord, California, era una preciosa ciudad que parecía de cuentos. Tenía 37.000 habitantes y estaba localizada cerca de Oakland y San Francisco, al norte de California.

Allí había un puesto vacante para un asistente del pastor de la iglesia de las Asambleas de Dios. Aprovechamos esta oportunidad para poner todos nuestros conocimientos en aquel trabajo, convencidos de que ésta era la vocación que requeríamos.

Glenn fue asignado como pastor de los jóvenes (el grupo estaba conformado por 12 muchachos). A mí me pusieron a cargo del departamento de música. La congregación se enamoró a primera vista del joven pastor y de su esposa. Pero en nuestro entusiasmo con este nuevo trabajo, Glenn y yo no nos dimos cuenta de la enorme carga de trabajo y de la precaria salud del pastor de la iglesia.

El grupo de jóvenes empezó a crecer. De 12 miembros pronto llegó a tener entre 75 y 100 jóvenes activos que se reunían todas las semanas en el amor de Jesús. El grupo creció rápidamente, no sólo por nuestro cariño hacia ellos, sino debido a los programas que preparábamos para ellos. Llevábamos a los jóvenes a las calles a predicar. También teníamos eventos sociales muy divertidos como viajes para esquiar en la nieve y paseos.

Todo esto formaba parte del programa para la juventud en nuestra iglesia y nosotros lo estábamos disfrutando inmensamente.

Entonces nació nuestra hija, Kimberly Regina Kramar, el 5 de noviembre de 1964. Nosotros habíamos querido tener una niña y Kimberly fue nuestro sueño hecho realidad. Ella fue un bebé muy fácil de cuidar y Marcos, su hermano de tres años de edad, también la adoraba.

Fui bendecida por una familia que me ayudaba mucho con los niños. Esto me permitió ayudarle a Glenn de nuevo en el ministerio, dos semanas después del nacimiento de Kimberly.

Estos, quizás, fueron algunos de los más alegres días de nuestra vida familiar. Compramos nuestra primera casa y vivíamos como una familia normal. Recuerdo cuando viajábamos a San Francisco con los niños en nuestro día libre. Organizábamos cantidad de paseos y otras diversiones, no sólo con Kimberly y Marcos, también con otras parejas jóvenes de la iglesia. Durante este tiempo, otras familias de la iglesia nos enseñaron a acampar. Nos llevaron con ellos de vacaciones y nos enseñaron cómo poner una tienda de campaña.

Evoco también nuestras experiencias en los barrios de Los Ángeles. Cuando Glenn y yo decidimos llevar a los jóvenes de nuestra iglesia a participar activamente en el ministerio. Yo les enseñé muchas canciones y ayudé a Glenn para que les enseñara cómo hablar con otras personas de lo que el Señor había hecho en sus vidas.

Los mismos jóvenes empezaron a dar seminarios y retiros a otros jóvenes en actividades que ellos llamaban "cruzadas de niños". Además, enseñaban en la escuela bíblica de vacaciones. Estos jóvenes evangelistas recorrían las calles los viernes por la noche, no para pasear y beber como lo hacía la mayoría de jóvenes en la ciudad de Concord donde vivíamos, sino para cantar y compartir el amor de Dios con los demás.

Al final, hubo un viaje misionero a México que duró un mes. Con 15 jóvenes y dos casas-remolque, fuimos de ciudad en ciudad, visitando las iglesias de las Asambleas de Dios. Este recorrido tuvo un gran impacto en la vida de los jóvenes. Más de la mitad de quienes nos acompañaron en ese viaje misionero, hoy en día trabajan activamente en el ministerio.

Tuvimos meses de gran satisfacción. Sentíamos mucho amor, aceptación y, después de tres años, un descontento divino.

El pastor de nuestra iglesia en Concord parecía preocupado y distante. Su esposa siempre nos había animado aparentemente. Pero, en lo íntimo de nuestro corazón, Glenn y yo sentíamos que necesitábamos de una congregación propia. Una iglesia donde Glenn pudiera ser el pastor y no sólo el ayudante.

Una mañana de particular belleza, recuerdo que abrigué a Kimberly y junto con Glenn y Marcos nos fuimos a dar un paseo en auto por una zona residencial que estaban construyendo en la ciudad de Danville, California.

Donde sólo, meses atrás, gigantes y viejos árboles habían estado, ahora había únicamente tractores y niveladoras de cemento que abrían camino al progreso.

"Cariño, creo que no hay una iglesia en millas alrededor", me dijo Glenn, "¿Qué crees tú?".

"¡Yo creo que la primera iglesia será la nuestra!", le contesté alegremente.

La voluntad de Dios

VOLUNTAD DE DIOS

Para nosotros, Gladys Pearson era lo que en la Iglesia católica se llama una "directora espiritual". Siempre había formado parte de nuestra vida ministerial, especialmente por las experiencias evangélicas de nuestra juventud en las que ella había participado. En ese entonces, Gladys trabajaba en una iglesia de Concord. Como nos quedaba cerca, decidimos ir a visitarla y compartir con ella nuestros sueños.

Yo estaba muy entusiasmada por la posibilidad de establecer una iglesia en Danville, por lo que tenía que contarle a alguien. Gladys siempre se interesaba en lo que nosotros hacíamos. Varias veces nos aconsejó sobre la manera de mejorar mi vida de servicio en el ministerio.

"¿Por qué no desarrollas tus habilidades para predicar?", me decía.

"Por ahora no creo que esté lista para hacer eso", le contestaba, sospechando que demasiado entusiasmo de parte mía podría distraer a Glenn de sus responsabilidades y crecimiento.

Pero en este momento teníamos noticias que Gladys seguramente apreciaría. Nos reunimos una noche, durante la cual ella dirigía una reunión en la ciudad de Stockton.

Nos abrazó con gran cariño y luego nos sentamos en el sofá y la pusimos al día sobre lo que Dios había hecho en nuestras vidas y hacia dónde pensábamos que Él nos estaba llevando. Abrimos nuestros corazones y compartirmos con ella nuestros sueños de empezar una iglesia en la ciudad de Danville. Gladys sólo escuchaba en silencio, sin cambiar la expresión de su rostro.

Cuando le compartimos con entusiasmo el último plan, el último sueño, Gladys se enderezó y con mirada fija nos preguntó: "¿Ya han terminado?".

"Sí", le contestó Glenn.

"¿Pero, qué es lo que ustedes están pensando?". Comenzaron sus preguntas. "¿Es que sólo piensan en ustedes mismos? ¿Esa fue la razón por la que se hicieron ministros...? ¿Para poder tener una próspera iglesia en la ciudad de Concord o en Danville? O, ¿ustedes se hicieron ministros para servir a Dios de la manera más eficaz?".

No sabía qué decir. Glenn se puso blanco por la incomodidad.

Por fin le pregunté: "Gladys, ¿por qué nos dices estas cosas?".

"¡Porque pienso que ustedes son muy egoístas!", me contestó.

"¿Dónde está su visión? Con la misma energía que van a poner en los Estados Unidos, ustedes pueden trabajar en Latinoamérica o en la India y la cosecha sería mil veces más grande de lo que pudiera ser aquí, aun en una iglesia muy próspera. Yo he servido al Señor alrededor del mundo y conozco los lugares donde las necesidades son más grandes".

"Dios no nos ha llamado a ir por todo el mundo", contestó Glenn. Estaba furioso con Gladys y herido por su reacción sorpresiva. "Estamos sirviendo a Dios. No podemos ir a ningún otro lugar sin que Él primeramente nos llame y ponga esta intención en nuestros corazones".

Glenn tomó la mano de Marcos, nuestro hijo de cuatro años, miró a Kim, nuestra hija de un año, y se dirigió hacia la puerta. "Las necesidades están dondequiera, incluyendo en la ciudad de Danville. Nosotros no somos misioneros para ir a otras partes del mundo. Ese no es el llamado que Dios nos ha hecho".

El viaje de regreso a nuestra casa fue en completo silencio. Iba sentada al lado de Glenn con Kim que dormía en mis brazos. Ninguno decía nada. Pero en el camino a casa, comprendí de pronto lo que Gladys nos había dicho.

Miré a Glenn y en voz baja le dije: "Ella tiene razón. ¿Lo sabes? Es cierto lo que dijo".

Mi mente se llenó de memorias de los grupos de jóvenes que habíamos llevado a México en el pasado. Me acordé de las personas a las cuales habíamos servido, los niños abandonados porque sus padres no tenían suficiente amor para darles. El hambre física y espiritual que habíamos visto en los ojos de cientos de personas destruidas, quienes llegaban a nosotros a escuchar palabras de esperanza. Me acordé de las historias que nos contaba mi papá sobre sus experiencias en las Islas

Filipinas. Las necesidades de las personas en diferentes partes del mundo se agolparon en mi mente.

"¡Dios mío!", me acuerdo haber orado silenciosamente, "¿Nos trajiste hoy a hablar con Gladys Pearson para que nos enseñara algo en lo cual no habíamos pensado anteriormente?". Al decir estas palabras, comprendí el mensaje.

Gladys había hablado en el poder del Espíritu de Dios.

"Ella tiene razón", respondió Glenn. "Sí, yo creo que ella está en lo cierto", dijo sonriendo. "Odio tener que admitirlo, pero creo que ella tiene razón".

Ambos recordamos nuestro llamado en el templo Bethel donde Glenn tuvo la inquietud de que predicaría en muchos púlpitos, y yo me había dado cuenta de que nuestra invitación al ministerio tendría una dimensión "mundial".

Miré a Kim y a Marcos, dormiditos en el carro, y con curiosidad me pregunté que tendría la vida en el futuro para nosotros. Ellos estaban tan contentos en nuestro nuevo hogar en Concord con sus muchos amiguitos. Sentí las punzadas de lo desconocido frente a mí, mientras me preguntaba lo que esta decisión les iba a costar a ellos, al igual que a nosotros.

Las dificultades de una vida de servicio

VIDA DE SERVICIO *al Señor*

Cuando decidimos seguir el consejo de Gladys, nos parecía la cosa más natural del mundo. Nuestros padres, los Kramars y los Roberts, tenían sangre misionera. John Willard le había enseñado a Glenn el trabajo misionero en su pequeña parte del mundo. Los padres de Glenn siempre habían estado envueltos en ministerios de laicos, trabajando especialmente con minorías de habla hispana, rusa, etc., al sur de California.

Mi papá tuvo que dejar una cómoda iglesia en Los Ángeles para llevar el Evangelio al Lejano Oriente. La herencia del templo Bethel había sido claramente misionera para ambas familias.

Al compartir nuestra visión con Gladys, ella nos habló de Latinoamérica. Recuerdo que nos dijo:

"Con la misma energía que van a poner en los Estados Unidos, ustedes pueden trabajar en Latinoamérica y la cosecha sería mil veces más grande que lo que pudiera ser aquí". Ahora estábamos buscando una puerta.

Con gran ímpetu nos fuimos en búsqueda de una puerta abierta para poder servir.

"Dios mío, en algún lugar de este mundo hay un trabajo especial que tú has separado para nosotros. Hay personas a quienes Tú amas y quienes están esperando para recibir ese amor por medio de nosotros. Danos tu gracia y enséñanos el camino", le pedíamos a Dios. Diariamente hacíamos esta oración, confiando en que el Espíritu Santo nos guiaría. Y a diario crecía nuestro interés en Latinoamérica.

Leímos mucho acerca de la cultura de cada país latinoamericano. Colombia nos llamó la atención por varias razones: era uno de los países católicos más moderados en América Latina. Era un país en progreso. Muchas áreas de Colombia le recordaban a Glenn su habilidad para administrar. Aunque había dejado de pensar en seguir una vocación en el mundo de los negocios, este interés formaba parte de él y le agradaba la idea de compartir con personas que actuaban de una manera eficiente.

Colombia nos parecía un país con muchas necesidades, pero al mismo tiempo una nación con una personalidad distinta y propia. Para una joven pareja con sangre cristiana en sus venas y un amor grande hacia el Señor, Colombia significaba un campo misionero que despertaba una honda y ferviente respuesta en nuestros corazones. Casi inmediatamente, Glenn y yo sentimos un amor por dicho país y fuimos especialmente atraídos por la ciudad de Bogotá.

El próximo paso fue el papeleo necesario para continuar los trámites. La denominación de las Asambleas de Dios tenía varios requerimientos que todos sus candidatos misioneros debían cumplir, antes de ser enviados a otras partes del mundo.

Inicialmente, Glenn y yo tuvimos que escribir un corto reporte acerca de nuestras vidas. Después nos sometimos a diferentes tipos de exámenes por un año. Exámenes médicos para determinar si teníamos el vigor físico requerido. Exámenes psicológicos para conocer si podíamos adaptarnos al choque con otras culturas.

Presentamos todos los exámenes. El papeleo había terminado. Ahora venía el trabajo de recaudar fondos para nuestra obra misionera en Colombia. Las Asambleas de Dios señalaron el presupuesto mensual necesario para nuestros cuatro años en Colombia. El cálculo de nuestros gastos ascendía a unos dos mil dólares mensuales. Nos dieron el permiso para visitar diferentes iglesias de las Asambleas de Dios y recaudar estos fondos.

Glenn renunció a su trabajo en la iglesia de Concord, con el propósito de destinar tiempo completo para el recaudo de los fondos necesarios. Fuimos de iglesia en iglesia compartiendo nuestra visión y recogiendo promesas financieras.

Los trámites ya casi habían terminado. Una vez que recogiéramos el dinero que necesitaríamos en Colombia, tendríamos luz verde para el siguiente paso: estudiar español por un año. Sólo después de haber cumplido todo esto, recibiríamos el permiso para ir a Colombia y ser nombrados misioneros.

Lo que necesitábamos ahora era la aprobación final del comité ejecutivo de las Asambleas de Dios. Nosotros ya habíamos puesto todos nuestros enseres en un almacén y esperábamos ansiosamente la llamada oficial de la junta ejecutiva. Recuerdo que esa noche los amigos nos prepararon una fiesta de despedida.

"Glenn", uno de los representantes de la junta le dijo por teléfono: "lo siento mucho, pero hay un problema. No te lo puedo decir en este momento, pero tú y Marilynn no podrán ir a Colombia como misioneros. La junta ha negado tu petición".

Después de muchas lágrimas e insistentes llamadas telefónicas, la razón salió a flote. El pastor de la iglesia de Concord y su esposa habían mandado una carta al distrito, diciendo que Glenn y yo no estábamos preparados para servir como misioneros.

Ella había visto en nosotros una joven pareja que trabajaba muy duro para llevar a cabo "sus propias" ideas y programas, pero no había contribuido en el avance de los programas pastorales de su marido. Sí, su esposo había estado muy ocupado estudiando para su maestría y también estuvo enfermo. Pero a los ojos de esta señora, los Kramars no habían sido buenos colaboradores de su esposo en la iglesia.

Cuando los siervos del Señor no están de acuerdo en algo, sólo Dios puede solucionar el problema. No importa quién tenga la razón en la evidencia que uno puede ver u oír, pues Dios mira dentro de los corazones. El Señor está mucho más interesado en la clase de persona que llegará a ser su siervo después de la prueba. Nosotros, mientras tanto, nos distraemos con los detalles que surgen de la prueba.

De esta oscuridad, dos versos de la Biblia vinieron a mi mente y a mi corazón:

"A mí me corresponde la venganza…".

Heb 10,30

"Y sabrán que yo soy Yavé".

Ez 6,10

Regresamos a Los Ángeles con el corazón destrozado y le pedimos a la junta directiva de las

Asambleas de Dios que, por favor, consideraran de nuevo nuestro caso. Ellos nos dijeron que teníamos que esperar seis meses hasta que la junta se reuniera de nuevo y entonces mirarían nuestro caso una vez más.

Teníamos el derecho de pedir que nos consideraran de nuevo, pues la respuesta de la junta sería definitiva. De hecho, ellos tenían nuestras vidas en sus manos.

Después de seis meses de incertidumbre, la junta se reunió para evaluar de nuevo su decisión.

Con todos los ejecutivos reunidos alrededor de una mesa, el pastor M. defendió a su esposa y dijo que todas las acusaciones que ella había hecho en contra nuestra eran ciertas.

A Glenn le habían dicho de antemano que no dijera nada durante la reunión, así que él permaneció en silencio escuchando lo que sucedía.

Cuando el pastor por fin acabó de hablar, el superintendente se volvió hacia Glenn, quien estaba sentado al lado de él. Después de un momento, el superintendente cruzó las piernas de tal manera que Glenn podía ver la suela de su zapato. Allí estaban escritas las palabras: "Pídele perdón al pastor M.".

En su corazón, Glenn sentía que él no había hecho nada malo y, por lo tanto, no tenía nada por qué pedir perdón. Durante las semanas previas a la reunión, Glenn pasó mucho tiempo examinando su mente y su corazón y estaba en paz. Glenn y yo nos habíamos dado cuenta de que Jesús amaba al pastor M. y que nosotros también lo podíamos querer.

Estimando al pastor mejor que a sí mismo, Glenn dijo: "Lo siento, pastor M., por cualquier tipo de malentendido entre nosotros y por mis acciones que les haya merecido a ustedes esta opinión acerca de nosotros".

Entonces caminé hasta donde estaba el pastor M. y, poniendo mis brazos alrededor de este querido adversario, le dije sinceramente: "Te queremos ahora y siempre".

Glenn y el pastor se abrazaron. Las lágrimas brotaron y también se dio la oportunidad para nosotros de seguir hacia Latinoamérica, en la dirección del Señor.

Entrenamiento de lenguaje

NUEVO IDIOMA

La primera parada en el camino a nuestro campo misionero fue la Escuela del Lenguaje en México. Era el lugar donde todos los misioneros de las Asambleas de Dios aprendían los diferentes idiomas que pronto encontrarían en sus respectivos campos.

Antes de salir para esta escuela, debíamos recaudar los fondos necesarios para pagar un año de estudio.

Marcos tenía cuatro años. Noche tras noche, él se sentaba en los servicios donde Glenn hablaba para recaudar fondos y comenzó a memorizar los sermones de su papá. "Mamá", me decía, "ahora mi papá les va decir que...". Marcos entendía todo lo que pasaba a su alrededor.

Las promesas de fondos financieros continuaron llegando hasta que la cantidad requerida se acumuló. Entonces pudimos comenzar nuestros últimos preparativos. Pero ahora me preocupaba un nuevo inconveniente.

Marcos había nacido con una debilidad en su tórax y tenía graves ataques de asma. Durante el año que tardamos en recaudar nuestro presupuesto, su problema físico empeoró. Por las noches, su dificultad para respirar era tan grande que se ponía azul. Mi corazón sufría por él. ¿Cómo podríamos ir a México de esta manera?, me preguntaba. Una cosa es sufrir uno mismo y otra ver a tu propio niño sin poder respirar.

Cada noche, mientras Marcos dormía fatigosamente, nosotros orábamos a su lado. Dios nos aseguró, durante esos momentos, que si éramos obedientes a la dirección en la cual nos estaba guiando, Él se encargaría de curar la enfermedad de Marcos. Tener fe significa ver más allá de nuestras enfermedades y debilidades y creer en las promesas que el Señor nos ha dado.

La noche antes de partir hacia la escuela en Guadalajara, Marcos tuvo otro ataque de asma. Pero mientras seguíamos orando, nos convencimos de que Dios nos ayudaría, si dábamos el primer paso hacia México y la escuela de lenguaje. Conduciendo hacia la frontera de México, supimos que el Señor había contestado nuestras oraciones. Marcos respiraba normalmente y jamás tuvo otro ataque de asma.

Para muchas de las parejas que estudiaban en la escuela, el marido era el que se preparaba para el ministerio, mientras la esposa permanecía allí sólo para acompañarlo. Mi caso era diferente. Yo sabía que Dios me había llamado, lo mismo que a Glenn, al ministerio. Aprender el español era una parte básica de mi preparación para responder el llamado de Dios. Así que me dediqué por completo al estudio del español.

Estas clases también incluían el arte de escribir y predicar sermones. Las lecciones se ofrecían para hombres y mujeres. Naturalmente, yo aproveché esta oportunidad. Me encantaba el trabajo de preparar sermones y proclamaciones espirituales. De hecho, esta manera de prepararme para el ministerio me gustó tanto que escogí un tutor para que me enseñara aún más el español.

Mi tutor me animaba a seguir estudiando. Juntos trabajábamos por horas con los verbos y nombres que yo necesitaba para darle vida a las proclamaciones espirituales que deseaba llevar al pueblo hispano.

Estos días fueron muy alegres para Kim, Marcos, Glenn y yo. La Escuela de lenguaje tenía un colegio para los niños durante el día, así que cada mañana los cuatro salíamos, cada uno a su respectivo lugar de estudio. Por las tardes, cuando Glenn y yo estudiábamos, los niños jugaban con los nuevos amiguitos que conocieron en el barrio. Varias semanas después, ya hablaban español sin jamás haberlo estudiado.

Estaba muy contenta con una jovencita que vivía con nosotros y me ayudaba en todo.

Aprovechamos la belleza del país, por lo que todas las semanas planeábamos viajes cortos a diferentes lugares turísticos. La Barra de Navidad era nuestro destino favorito. Ésta era una pequeña ciudad pesquera en la costa del Pacífico. Allí, Marcos aprendió a nadar, en las calientes aguas del océano. Nos sentábamos alegremente en la playa; pelábamos camarones mientras veíamos pasar los barquitos de pesca.

En la escuela, además de nuestros asociados de las Asambleas de Dios, también había misioneros de muchas otras denominaciones protestantes. En el pasado nunca había trabajado con personas de otra denominación. Trabajar junto a ellos, quienes también tenían un gran fervor por el Señor, fue una nueva e importante experiencia en nuestra invitación a la vida misionera.

Llegamos a ser parte de la vida de otros misioneros. Algunos de nuestros mejores amigos pertenecían a la organización misionera *Wycliffe Bible Translators*. También estábamos muy entusiasmados en compartir con ellos el "bautismo en el Espíritu".

Los misioneros que venían de denominaciones protestantes, tenían mucha curiosidad sobre la dimensión carismática y la espiritualidad. Nosotros éramos muy bien aceptados por ellos. Siempre recordaré ese año de entrenamiento lingüístico como uno de los más felices de mi vida.

Mientras yo iba adelantada en mis estudios, Glenn luchaba. El trabajo de clase para aprender el idioma no era fácil para él. Tenía el deseo y se esforzaba, pero algo más estaba sucediendo en su vida.

RESCATADOS

Rescatados

De vez en cuando ocurre un evento que se queda grabado por siempre en la memoria. No solamente es un hecho intenso cuando está sucediendo, también es algo que uno sabe que recordará el resto de su vida. La siguiente situación fue una de ellas.

México, aunque bello, era un país extraño para nosotros. Siempre teníamos que lavar las frutas frescas y los vegetales con mucho cuidado. Las cucarachas aparecían por doquier en la cocina. La hepatitis era una enfermedad muy común en el país.

Recuerdo mucho este acontecimiento:

"¿Nombre?", preguntó la enfermera en español.

"Kramar. Glenn Kramar", contesté. ¡Dios mío! ¿Qué le pasa a Glenn?", me pregunté.

Me agarré con fuerza a la silla de ruedas donde habían puesto a Glenn. Mis propias piernas estaban débiles y yo no sabía si era de miedo por Glenn o por algo más. Las luces en el cuarto del hospital me parecían muy brillantes, por lo que me dolían los ojos y la cabeza...

"¿Edad?".

"Treinta". ¿Por qué no lo ubicaban en una cama, sin tantas preguntas? ¡Dios mío! ¡Cuídame a Glenn!

Pensamientos, preguntas y oraciones se movían como un remolino en mi mente. Mi cuerpo tenía un inmenso dolor y temía que cualquiera que fuera la enfermedad que Glenn había contraído me seguiría a mí.

"Lo vamos a cuidar bien y hablaremos contigo lo más pronto posible", me dijo la enfermera y se llevó a Glenn a otro cuarto del hospital.

Aturdida me dirigí al carro, con un mareo cada vez más intenso. Tenía que regresar con los niños. En ese entonces estábamos empacando para volver a Los Ángeles. ¡Había tanto que hacer!

Nuestros planes eran salir hacia Colombia, poco después de regresar a California. Pero al estar los dos enfermos, ¿cómo podríamos hacer eso? Si yo me enfermaba tanto como Glenn, ¿quién cuidaría de los niños o quién los llevaría de vuelta a los Estados Unidos?

Me subí al carro, puse mi cabeza en el volante y clamé con desesperación: "¡Dios, no puedo más! Por favor, llévate esta enfermedad".

Su respuesta llegó inmediatamente a mi mente y mi corazón: "No hay nada que temer. Vas a estar bien. Vete a casa".

Instantáneamente sentí la sanación que refrescaba mi cuerpo adolorido y calmaba el dolor de mi cabeza. Sentí crecer dentro de mí un sentido de sanación y de esperanza.

Me dirigí a casa con renovadas fuerzas. Allí acabé de empacar, lo puse todo en el carro, ayudé a los niños y me encargué de arreglar todos los asuntos relacionados con nuestra estancia en la escuela de Guadalajara.

Aunque yo había sido sanada, todavía nos quedaba el problema de la enfermedad de Glenn. Le diagnosticaron hepatitis y no había nada que lo pudiera curar.

Lo dejaron salir del hospital y volvió a nuestro apartamento, pero no se mejoró. Así llegó el día de nuestro regreso a California, el cual no se pudo posponer más.

Nos subimos al carro, con los niños en la parte de atrás. Yo manejaba y Glenn iba sentado a mi lado. Se sentía tan enfermo que pronto me di cuenta de que nunca llegaría a los Estados Unidos, si Dios no intervenía.

Sabía que los ojos del Señor estaban puestos sobre nosotros y que Él contestaría mi súplica. Pero no sabía cómo ni dónde.

Su respuesta vino dramáticamente, después de una difícil noche acampando en la playa de Mazatlán. Glenn se acostó con terribles dolores. A la mañana siguiente se levantó con los mismos padecimientos. Pero, por alguna razón inexplicable, se sentó detrás del volante y me dijo: "Voy a manejar de regreso a casa".

A cada milla de camino yo le preguntaba: "¿Cómo te sientes?". Y cada vez me respondía: "Mejor". Cuando llegamos a Los Ángeles se sentía tan bien que pudo caminar normalmente y estaba lleno de fuerzas. En la soleada habitación en la casa de mis padres, Glenn se recuperó y se sintió suficientemente bien como para salir hacia Colombia.

Momentos semejantes me aseguraron que Dios jamás nos abandonaría. Hoy en día, mi fe y valor se renuevan continuamente, cuando recuerdo la manera como el Señor nos ayudó en aquellos días.

El barco Santa Fe y el océano Pacífico

OCÉANO PACÍFICO

El motor del barco de la línea marítima Grace Line vibraba impacientemente en el puerto de Long Beach. Era de noche y su salida se había retrasado. Este barco de carga sólo llevaba 10 pasajeros, entre ellos Glenn y yo, Marcos de 5 años de edad y Kim de 3.

Por muchísimos años, misioneros cristianos se habían embarcado en viajes similares al nuestro para llevar el Evangelio a otras partes del mundo, pero nosotros sentíamos que éramos los primeros.

Los marineros habían estado de fiesta en el puerto y regresaron a la embarcación borrachos. Cuando el barco Santa Fe zarpó, la muchedumbre de parientes y amigos queridos nos despidió cantando el himno "Sublime gracia".

Algunos de los marineros, aún embriagados, se unieron al canto. En ese momento me llené de ánimo en el nombre de nuestro barco, el Santa Fe, pues a juzgar por nuestra partida, necesitaríamos de una fe extraordinaria para llegar a feliz término.

Cuando el Santa Fe comenzó su viaje tranquilamente, la oscuridad y la soledad inundaron el entusiasmo de nuestra salida. La seguridad de estar junto a familiares, amigos y tierra nativa se había esfumado. Adelante nos esperaban sinsabores, al igual que maravillas. Me alentó un poco oír a Kim cantándole al capitán: "Mi barco es tan pequeño, el mar tan grande. Pero Jesús me tiene de la mano".

Rápidamente pensé en las claras y preciosas palabras de estímulo que mis padres nos dieron en los últimos días que estuvimos con ellos. Mi papá nos contó de nuevo la promesa del Buen Pastor para guiar a su rebaño.

Las palabras de despedida de mi madre fueron sencillas, pero me confundieron un poquito. La noche anterior, en la ciudad de Long Beach, una profecía llegó a su mente: "Tendrás muchos hijos en Israel".

Éstas eran palabras enigmáticas. ¿Iba yo a tener una familia más grande? ¿Íbamos a visitar la Tierra Santa? Muchos años después vine a comprender que Dios le daría "más" a mi madre, quien tan devotamente había añorado y orado por los hijos.

Al ver a mis padres en el muelle –mi padre diciéndome adiós con su fuerte mano– se me rompió el corazón. Todo lo que sabía acerca de mi llamado a ser misionera no era suficiente para tranquilizar la tristeza en mi espíritu. Lloré desconsoladamente.

Oí la suave voz de Marcos, gritando desde la cubierta del barco:

"¡Abuela! ¡Abuelo!, ¡los quiero mucho!". Y siguió gritando hasta que se perdieron en la distancia. Nosotros en el barco y nuestros seres queridos en el muelle habíamos muerto para que la voluntad de Dios se cumpliera.

Afortunadamente, el viaje fue maravilloso. Paramos en cada puerto, de camino a Colombia. Marcos y Kim se hicieron amigos de todos los marineros. Descubrimos que la esposa del capitán también era evangelista.

Durante el viaje, un pequeño milagro ocurrió en la vida de Marcos. Pescar desde la cubierta del barco era su pasatiempo favorito. Un día Glenn le preguntó a nuestro hijo: "¿Qué tipo de pez quisieras pescar?".

"¡Un tiburón!", fue la rápida y positiva respuesta.

"¿Por qué un tiburón? Eso sería muy difícil y además, ¿qué haríamos con el tiburón después de pescarlo?".

"Yo no sé, pero quiero pescar un tiburón", insistió el niño.

"Bueno, Marcos", le dijo su papá arrodillándose a su lado. "Si le pides a Jesús con fe, Él nos ha prometido que nos concederá los deseos de nuestros corazones. Quizás podríamos orar juntos y Dios te dejaría pescar un tiburón".

"¿De veras?", dijo Marcos muy entusiasmado.

Después de una corta oración al cielo, Marcos lanzó su anzuelo al mar. Casi inmediatamente algo tiró de la línea con gran fuerza.

"¡Sujétalo! ¡Tira de ello!", le gritó Glenn.

En contados momentos, salió del mar, colgado del anzuelo de Marcos, un pescado belicoso como del tamaño de un perro pequeño.

"¡Sí! ¡Es un tiburón!", dijo uno de los marineros. "Un pequeño tiburón".

"¿Qué te parece esto?", dijo Glenn. Marcos sonreía de oreja a oreja. "¿Ves lo que pasa cuando le pides a Jesús los deseos de tu corazón?".

"¡Sí!", exclamó Marcos lleno de entusiasmo.

En el futuro, esta experiencia de fe le ayudaría a Marcos a enfrentar los tiburones de la tentación que rondarían los puertos de su vida.

COLOMBIA

Colombia

El barco Santa Fe dejó a sus pasajeros llenos de fe en la costa colombiana, el 1 de marzo de 1966. Las oportunidades para servir se nos presentaron rápidamente en Bogotá. Las habilidades de

Glenn fueron inmediatamente reconocidas por todos. No sólo su predicación, también sus capacidades en administración.

Días después de haber llegado, Glenn fue nombrado administrador de la Escuela Bíblica en el seminario. Cuatro semanas después estaba enseñando cuatro clases principales. Para el 1 de julio, había sido nombrado consejero de las 18 iglesias en la ciudad de Bogotá, la capital del país.

Parecía que todo lo que tocábamos se convertía en oro. Parecía como si Dios mismo estuviera abriendo las ventanas del cielo para compensarnos por todas las puertas cerradas que habíamos encontrado en los dos últimos años, antes de llegar a Colombia.

Nuestros niños conocieron nuevos amigos en la escuela americana de Bogotá. Teníamos una empleada que me ayudaba en la casa y vivía con nosotros. Marcos se sentía muy orgulloso al ponerse su uniforme todos los días, su papá lo peinaba y lo mandaba a tomar el autobús que los recogía, a él y a su hermana, frente a nuestra casa de alquiler.

Pronto todo estuvo en su lugar. Habíamos traído muchas cosas de los Estados Unidos y la vida estaba llena de gozo y aventura. Mis hijos descubrieron algunos juguetes hechos en el país y se dieron cuenta de que vivir, de una manera sencilla, podía ser muy divertido.

Enseguida, un proyecto interdenominacional llamado *Evangelización al Fondo* captó nuestra atención. Una cruzada enorme, que incluía todas las misiones protestantes, fue planeada en la ciudad. A Glenn le tocó promover la cruzada por la radio y la televisión, y se decidió que yo debía ser quien interpretara el piano y dirigiera los coros durante el evento. Recuerdo haber orado para que Dios usara esta oportunidad, con el fin de abrir mi mundo, más allá del límite de las 88 claves del piano.

La cruzada fue dirigida por el evangelista Paul Finkenbinder y una bella amistad comenzó entre Glenn, el evangelista y los misioneros de varias iglesias que participaron en el evento.

Los ejecutivos de las Asambleas de Dios no estaban muy impresionados con la atención que Glenn y yo le dábamos a nuestros nuevos amigos en estas cruzadas interdenominacionales. Pero ellos tenían suficiente respeto por nosotros, para aun así respaldarnos.

En la constitución de una iglesia de las Asambleas de Dios se requiere que el superintendente de todo el país tenga al menos un año de experiencia en dicho país. Nosotros sólo llevábamos en Colombia varios meses. Pero los líderes locales sintieron que éramos los mejores candidatos para ocupar este puesto, aunque existían misioneros que habían vivido en el país entre 18 y 20 años.

Para nuestra sorpresa, la convención nacional arregló su constitución con un voto unánime y eligió a Glenn como superintendente.

Yo fui elegida para dirigir las actividades de las mujeres. Mis responsabilidades consistían en dirigir proyectos y recaudar dinero para los pastores y sus familias en las 50 diferentes iglesias y en las 200 misiones que estaban en operación en el país.

¿Por dónde empezar? ¿Cómo proceder? Estas fueron las preguntas que me hice.

Sentimos que nuestros hijos debían estar con nosotros mientras viajábamos, especialmente los fines de semana. Así que cuando visitábamos diferentes iglesias, ellos nos acompañaban. Muy a menudo parábamos sólo para disfrutar del bello país. Recuerdo las múltiples veces en que nos detuvimos para nadar en los ríos. También las ocasiones en que los niños nos pedían que parámos al lado del camino para comprar arepas, es decir, deliciosas tortillas colombianas y también mazorcas de maíz.

Como misioneros recién llegados a Colombia, nuestro interés por las respuestas era voraz. Afortunadamente, la persona encargada de la oficina del superintendente era una inmensa bóveda de información.

Esther Garzón era una niña con responsabilidades de mujer. Durante nuestros primeros años en Colombia, sus padres habían muerto dejándola responsable de diez hermanos. Ella descubrió muy pronto que tenía el don de la organización. Con esa cualidad, Esther no sólo cuidó de su gran familia, también le imprimió calidad de trabajo y orden a la oficina del superintendente.

Con su manera práctica de resolver problemas, su conocimiento de la nación y su amor a Dios, Esther nos ayudó a hacer milagros por los pastores locales. Ella le enseñó a Glenn a hablar español con el idioma del ser humano y de los ángeles. A mí me permitió comprender los misterios de la gente colombiana y sus costumbres. Esther le dio a Marcos y a Kim tanto amor como a su propia familia. Como un equipo de Jesús, parecíamos poder mover montañas.

Mientras Glenn trabajaba con los pastores, yo me dediqué a las necesidades de sus esposas y familias. Además de los asuntos prácticos de la nutrición y crianza de niños, yo luchaba por desarrollar mensajes espirituales en español.

Uno de mis primeros sermones surgió a partir del Salmo 23. A pesar de que el texto contiene sólo seis versos, me llevó horas prepararlo. Quería usar el español correcto para lograr que el mensaje saltara de las páginas hacia mi audiencia, y los tocara de una forma personal. Esther me escuchaba con paciencia y me animaba a continuar.

Llegamos a querer a esta hermosa joven como a una hermana o una hija. Esos fuertes lazos en el

Espíritu creados con ella, llegaron a ser mi salvación cuando otros lazos de carne fallaron y se echaron a perder.

3

D E S A F Í O

EL *desafío*

Pocos meses después de nuestra llegada a Colombia, algo le pasó a Glenn que nos alarmó a los dos. Este acontecimiento nos puso en un nuevo camino y cambió nuestras vidas.

REVUELTAS

Revueltas

Colombia es un país lleno de violencia, conflictos políticos y revoluciones. La situación política era especialmente imposible de predecir durante los primeros meses de nuestra estancia allí.

Una ley en particular, la Reforma Agraria, que afectaba a los campesinos y trabajadores agrarios, empezó a ejecutarse. Los revolucionarios comenzaron a pelear contra el gobierno para demandar los derechos de los trabajadores campesinos. Esto causó mucha confusión y algo de problemas, especialmente en las ciudades y pueblos del interior.

Aunque estas contiendas y problemas ya llevaban varios años de historia, parecía que durante los primeros meses de nuestra estancia en Colombia se habían calmado un poco. Pero las memorias y desilusiones de los años anteriores, aún eran recordadas por el pueblo colombiano. Estaban sentidos y se incomodaban fácilmente.

Al mismo tiempo, misiones de las iglesias evangélicas comenzaron a venir a Colombia en gran número, confundiendo muy a menudo las relaciones entre la Iglesia católica y otras denominaciones. Como Colombia era un país 99% católico, la diversidad de iglesias causó gran división y una persecución religiosa.

PIEDRAS

Piedras

No mucho después de recibir su nombramiento como superintendente, Glenn y tres de sus asociados se subieron a su carro, un fiat rojo de cuatro puertas, para visitar uno de los puestos misioneros en las montañas de Cogua. Allí estaban personas que recientemente habían recibido a Cristo y temían por sus vidas. Ellos habían sido amenazados por los católicos que vivían en esos lugares.

Glenn llegó a la población. Sus pasajeros, dos líderes de la congregación de Cogua y un trabajador de Bogotá, salieron del carro y caminaron con él una larga cuadra hasta la casa donde estaban reunidos los creyentes. Glenn trató de calmar a sus compañeros diciéndoles: "Estos campesinos no van a hacer nada violento contra nosotros. No se preocupen".

La gente del pueblo parecía amistosa y daba la impresión de que ni siquiera les estuvieran prestando atención a Glenn y a sus compañeros. Pero era difícil ignorar las pilas de piedra que habían amontonado a intervalos, a lo largo del camino.

Al llegar a la pequeña casa donde los nuevos creyentes estaban atemorizadamente reunidos, Glenn les recordó: "Dios está con nosotros". Luego reunió al pequeño grupo de hombres, mujeres y niños en el patio para orar.

"Señor Jesús, te agradecemos porque estás aquí con nosotros. Aunque nosotros...".

De repente hubo un fuerte ruido. ¡Estaban tirando piedras por un lado de la casa! Varias llegaron hasta el patio donde los creyentes estaban reunidos. Un niño gritó de dolor al ser golpeado con una piedra. La sangre brotaba de su mejilla. Aunque era una herida leve, los hombres consideraron que hubiera podido ser peor. Tenían que irse para que el ataque terminara.

"¡Evangélicos! ¡Fuera de aquí! ¡No los queremos aquí!". Los gritos venían del otro lado del muro del patio. Alguien golpeaba fuertemente a la puerta.

"¡Ya nos vamos!", gritó unos de los evangélicos a la muchedumbre, que estaba dirigida por el sacerdote del pueblo. Rápidamente, los hombres oraron e impusieron sus manos sobre los que estaban reunidos en la casa, pidiendo protección para ellos. Después de orar por la protección de ellos mismos, Glenn y los que habían ido con él salieron de la casa rápidamente y corrieron hacia el carro.

La gente dejó de atacar la casa y siguió a los cuatro hombres, que ahora corrían para proteger sus propias vidas. Como un último esfuerzo desesperado, llegaron al Fiat, aceleraron y salieron del pueblo, mientras las personas les lanzaban piedras.

Los otros tres hombres en el carro debatían acaloradamente sobre la acción que deberían tomar contra los atacantes, pero Glenn trataba de agarrarse a esta promesa:

> *"...Dios dispone todas las cosas para bien de los que lo aman, a quienes él ha llamado según su propio designio".*
>
> *Rom 8,28*

Aunque los hombres en el carro pensaban en una represalia y los propios pensamientos surgían dentro de Glenn, él empezó a oír otra voz, más callada, recomendando un curso de acción hasta ese entonces nunca tratado. Esta manera de actuar, no solamente cambiaría a favor los sentimientos hacia los cristianos en Cogua y otros lugares por toda Colombia, también nos llevaría a Glenn y a mí a pastorear un nuevo rebaño en el Señor.

"¿Dónde vive el obispo católico más cercano?".

"En Zipaquirá", le contestaron, "¿Por qué?".

"Porque tenemos que ir a visitar a ese señor".

Al llegar, Glenn se sorprendió con qué prisa el obispo le dio audiencia. Muy pronto se encontró cara a cara con un hombre gigante. Cuando Glenn se acercó, el obispo extendió su mano para que mi esposo le diera el beso de costumbre en el anillo de obispo, pero Glenn sólo le dio la mano.

Sintiéndose como Daniel frente al rey pagano de Babilonia, Glenn le explicó al obispo la situación y le pidió ciertas promesas de seguridad para los creyentes evangélicos. Esperaba hostilidad de parte del obispo o un trato diplomático, pero no estaba preparado para la respuesta que el prelado le dio.

"No es mi deseo que estas cosas pasen", contestó el obispo. "Te doy mi palabra de que no va a haber más incidentes de esta naturaleza".

Y así fue. Los creyentes colombianos regresaron a Cogua y continuaron trabajando para las Asambleas de Dios.

Aunque este encuentro no fue muy notable, marcó un precedente para los numerosos contactos que le siguieron. En lugares donde otros miembros de las Asambleas de Dios sentían represalias, Glenn y yo creíamos que la reconciliación era posible. Parecía ser que estos hombres de la Iglesia católica respetaban, tanto como nosotros, la voluntad del mismo Jesús.

Aun así, la sangre caliente de los colombianos no se podía desconocer. Algunos fanáticos atacaron un puesto misionero en otro lugar del país. Esta vez usaron bombas de fuego. Afortunadamente, nadie resultó seriamente herido. Pero los pastores de las Asambleas de Dios gritaban y pedían represalia y protección del gobierno.

"No. Dios les ha enseñado otro camino", insistíamos Glenn y yo. Sin embargo, Glenn fue a hablar directamente con monseñor Ocampo.

Una vez más, la acogida fue amistosa. Después de un intercambio con atenciones que incluían una taza de sabroso café colombiano, Glenn le informó a monseñor sobre sus intenciones en el país.

"Nuestro trabajo es el de llevar el Evangelio a aquellos que no conocen a Jesús", le dijo Glenn. "Yo entiendo que el 99% de la gente en Colombia ha sido bautizada en la fe católica, pero solamente el 17% va a misa más de una vez al año. Estos datos corresponden a las estadísticas de los obispos católicos. Nosotros no estamos aquí para evangelizar al 17%. Queremos llegar al 83% que no asiste al templo, a aquellos que están separados de la iglesia".

"¡Estoy de acuerdo!", contestó monseñor con entusiasmo, para sorpresa de Glenn. "Alguien tiene que llevar el Evangelio a estas personas. Ellos necesitan ayuda espiritual. Nuestro país está herido. Necesitamos mucha sanación y reconciliación".

Glenn le contó en detalle a monseñor lo que había acontecido, asegurándole que estos no eran cuentos, sino hechos reales. Monseñor lo escuchó compasivamente.

"Monseñor, ¿podríamos hacer algo juntos públicamente, para cambiar lo que está pasando?".

"Los ataques que han sucedido no responden al espíritu del Vaticano II", dijo monseñor Ocampo fervientemente. Él se refería a un evento que, hasta ese entonces, Glenn no conocía, pero del cual iba a aprender mucho en el futuro.

Monseñor sorprendió a Glenn aún más, al sugerirle que oraran juntos por la situación. ¡Orar juntos! ¡Un jesuita y un predicador de las Asambleas de Dios!

Al levantar sus voces en oración y leer juntos la Palabra de Dios, Glenn supo de repente que sus corazones estaban en completa unidad. ¡Eran hermanos en Cristo!

Una ola de agradecimiento y alabanza inundó a Glenn cuando comprendió esto. Las metas y el deseo del arzobispo eran las mismas de Glenn, pues el arzobispo también quería una fe viva para su gente. Aunque había muchas cosas que Glenn no comprendía, sabía que esta oración brotaba de la unión espiritual entre los dos. Al salir, el arzobispo lo despidió con un fuerte abrazo y Glenn supo que estaba abrazando a su hermano.

"¿De veras oraron juntos?", recuerdo haberle preguntado a Glenn incrédulamente cuando me contó lo que había pasado. "¿Cómo puedes orar con un católico? Ellos no son cristianos. ¡Los católicos no son parte del cuerpo de Cristo!".

"Cuando oramos, Marilynn, supe que él era mi hermano. Yo tampoco lo comprendo. Pero sé que es verdad", me contestó Glenn.

En los meses siguientes, Glenn habló con muchos obispos y sacerdotes por toda Colombia, cuando sucedían ataques violentos contra los creyentes evangélicos. Nos llevó algún tiempo entender del todo lo que el Vaticano II significaba. Pero de inmediato supimos que se oponía a la violencia y eso nos hizo estar a su favor.

El Vaticano II fue una reunión que tuvo lugar en la Santa Sede, con el fin de traer reconciliación y paz al cuerpo de Cristo. El capítulo sobre el ecumenismo en el documento invita a los católicos a considerar como hermanos a los creyentes de otras tradiciones religiosas y dejar que sus experiencias no sean un impedimento, sino nuevas maneras de expresar y relacionarse en el cuerpo de Cristo.

Lo que dice el documento actual es muy impresionante:

"Es necesario que los católicos reconozcan con gozo, y aprecien en su valor los tesoros verdaderamente cristianos que, procedentes del patrimonio común, se encuentran en nuestros hermanos separados. Es justo y saludable reconocer las riquezas de Cristo y las virtudes en la vida de quienes dan testimonio de Cristo y, a veces, hasta el derramamiento de su sangre, porque Dios es siempre admirable y digno de admiración en sus obras.

No debe olvidarse tampoco que todo lo que obra el Espíritu Santo en los corazones de los hermanos separados puede conducir también a nuestra edificación. Lo que de verdad es cristiano no puede oponerse en forma alguna a los auténticos bienes de la fe, antes al contrario, siempre puede hacer que se alcance más perfectamente el misterio mismo de Cristo y de la Iglesia".

Concilio Vaticano II,
Decreto Unitatis Redintegratio sobre el ecumenismo,
Capítulo 1, numeral 4.

Glenn empezó a recordarle a los sacerdotes en los pueblos que lo que estaban haciendo no respondía al nuevo espíritu del Concilio Vaticano II. No importaba quien tuviera la razón. Lo importante era admitir cuando uno estaba equivocado.

La tendencia de los pastores protestantes era pelear por sus derechos. Para ellos era difícil creer que una persona con el corazón herido pudiera ir donde un católico y pedirle a Dios que perdonara y sanara ese dolor.

Pero Dios nos ha prometido:

> *"Y mi pueblo, (...) se humilla, rezando y buscando mi rostro, y se vuelven de sus malos caminos, yo entonces los oiré desde los cielos, perdonaré su pecado y sanaré su tierra" .*
>
> 2 Cro 7,14

¿Sería que estos católicos también eran parte de lo que Dios llamaba "mi pueblo"?

Un favor

FAVOR

Uno de los sacerdotes en Bogotá nos ayudó de manera especial. El padre García Herreros era el fundador de un grupo de reforma social llamado *El Minuto de Dios*. Por muchos años, el padre García Herreros había trabajado para ayudar a construir y edificar nuevas áreas residenciales destinadas a la gente trabajadora. También había recaudado fondos para educar y entrenar a los jóvenes en diferentes vocaciones. Él había ayudado en las áreas de desastre y era conocido como el precursor de reformas sociales en el país.

El padre García Herreros era la única persona autorizada para hablar por la televisión nacional de asuntos religiosos. Compartimos con él nuestra persecución y el antagonismo de algunos católicos hacia los evangélicos. También le contamos nuestro deseo de trabajar por la reconciliación y la paz en Colombia. El padre García Herreros se encariñó con nosotros y nos ofreció su ayuda.

De hecho, el padre había sido lo suficientemente valiente como para incluir a un pastor bautista en su trabajo con los jóvenes de su parroquia, esto mucho antes de que el documento del Vaticano II fuera publicado y lo que ahora nos ofrecía era aún más dramático.

"¿Les gustaría predicar junto a mí en la televisión?". Naturalmente, Glenn acepto su invitación. El padre García Herreros se convirtió en nuestro aliado personal y también en un buen amigo.

Día tras día, Glenn llegaba a casa hablándome de las maravillosas maneras como Dios estaba contestando nuestras oraciones.

"¡Marilynn, no me lo vas a creer!". Entonces me comentaba que el Señor había resuelto problemas en respuesta a nuestra humilde actitud y disposición de acercarnos a los sacerdotes católicos. Hasta los otros misioneros protestantes apenas podían creer lo que estaba sucediendo.

En los pueblos donde anteriormente los pastores no podían comprar ni comida ni ropa para sus familias, ahora los sacerdotes iban a pedirles perdón. Los pastores evangélicos podían caminar por las calles sin temor. Este milagro de paz se esparció de pueblo en pueblo.

El cáliz

Durante este tiempo, Glenn y yo tuvimos una visión muy misteriosa para nosotros. Estábamos en oración en diferentes partes de la casa cuando nos llegó la visión.

"Cariño, era como si hubiera visto un altar con un cáliz siendo levantado sobre toda la gente", le conté a Glenn.

"Sí, creo saber lo que sucedió después", me interrumpió Glenn. "La iglesia se llenó de gente adorando a Dios alrededor del altar y del Cuerpo y la Sangre de Jesús".

Esto me dio escalofrío. "¡Entonces tú lo viste también!", exclamé. "¿Qué significa todo esto?".

La respuesta no la recibimos en su totalidad durante varios años. Pero esta mutua visión nos dio un inmediato sentido de confianza y gozo acerca de nuestro trabajo con tantos fervientes creyentes católicos.

CARTAGENA *Cartagena*

Ya para este tiempo nos habíamos hecho el propósito de entrenar a otros en nuestro trabajo. Como superintendente, Glenn había animado a los colombianos a tomar más y más responsabilidades en el liderazgo de la iglesia.

Ofrecimos entrenamiento en liderazgo que permitiría a los colombianos tomar responsabilidades en sus propias iglesias. Capacitamos líderes y les ayudamos a adoptar sus propias políticas de acuerdo con los señalamientos del Espíritu Santo para su propio país. Nosotros fuimos los últimos superintendentes estadounidenses de las Asambleas de Dios en Colombia.

En agosto de 1970, después de haber servido durante dos años y medio, de nuestro compromiso de cuatro años, decidimos que necesitábamos un descanso. Llené el Fiat con artículos de playa, trajes de baño y utensilios para pescar. Nos fuimos a la ciudad de Cartagena, a pasar unas vacaciones bajo el sol del mar Caribe.

Cartagena, con una población de 400.000 habitantes en esa época, es la ciudad más fortificada en toda Latinoamérica. Aproximadamente 400 años atrás, los españoles edificaron allí sus fortalezas para esconder sus joyas y oro. Estas fortalezas rodean toda la ciudad, haciendo que parezcan montañas en miniatura.

Las fortalezas fueron construidas a costa de lágrimas, sangre y sudor de los indígenas colombianos, traídos de las montañas del interior del país como esclavos. Luego, fueron reemplazados por los esclavos negros traídos de África, quienes siguieron construyendo estas murallas.

Los indígenas colombianos, acostumbrados a vivir en lugares montañosos, no pudieron resistir el intenso calor y humedad del área costera de Cartagena por más de tres meses. Los esclavos africanos eran mucho más resistentes. Ellos aguantaban hasta seis meses antes de morir.

Aquí, el cristianismo fue extendido por un misionero jesuita llamado Pedro Claver, quien más tarde llegó a ser un santo de la Iglesia católica. Fue como un misionero para los esclavos, pues creó hospitales para cuidarlos cuando los encontraba moribundos ante su cruel labor. San Pedro Claver convirtió miles de estos esclavos a Cristo.

Cartagena es tan diferente de Bogotá que parece pertenecer a un país distinto. La gente en Bogotá es muy conservadora. Los cartageneros son vibrantes y libres. La ciudad es muy semejante a Jamaica. El 85% de los habitantes de esta ciudad tropical es de raza negra y viven con ritmo vigoroso y pocos límites sexuales.

A Cartagena la baña el mar Caribe. Glenn y yo añorábamos nuestra tierra de crianza en California. Por eso, al llegar a Cartagena, no sólo disfrutamos del legado histórico de la ciudad, también de sus playas con arena y agua caliente y de la refrescante brisa, aspectos que llenaron el vacío en nuestros corazones.

"Tengo el más extraño presentimiento de que debemos volver a Cartagena", le dije a Glenn un día durante nuestras vacaciones.

Pero era absurdo tan siquiera pensar en ello. Además de nuestra posición con las Asambleas de Dios, también estaban los proyectos interdenominacionales, las cruzadas y las transmisiones por la radio y la televisión que atender. Glenn servía como tesorero para los esfuerzos misioneros de todos los grupos protestantes en Colombia.

Juntos habíamos progresado mucho en Bogotá, donde algunos años atrás, la plaza había sido lugar de una sangrienta revolución, en la que gente de diferentes iglesias había muerto de manos de otros cristianos. Ahora había una revolución espiritual de genuina hermandad y avivamiento. Los compañeros cristianos caminaban por las calles de la ciudad no con armas, sino con Biblias, cantando himnos a Dios.

Eran tiempos gloriosos y nosotros estábamos muy alegres de ser parte de ellos. Además, nos quedaban sólo 18 meses antes de terminar nuestro compromiso en Colombia. ¿Qué podríamos llevar a cabo en tan corto tiempo en esta enorme ciudad de Cartagena con sus arraigados vicios? Aun así, el deseo de volver a Cartagena persistía y crecía.

No había actividad alguna de las Asambleas de Dios en Cartagena, sólo unas pocas misiones habían trabajado en la ciudad pero sin mucho éxito. La Iglesia católica, por supuesto, se había establecido allí por siglos. Pero poca era la gente que asistía a la iglesia. Solamente entre el 3 y el 5% de los cartageneros iba a la iglesia. La mayoría eran mujeres y niños. El resto de la población virtualmente no tenía fe alguna y solamente confiaba en que por ser bautizados, casados y enterrados bajo la Iglesia católica, tenían asegurado un lugar en el cielo.

Cartagena no era un campo misionero muy prometedor. Esto era especialmente cierto para dos jóvenes misioneros acostumbrados a la vida de la ciudad, y con la mayoría de sus experiencias en asuntos administrativos. Además, Glenn y yo sólo teníamos unos cuantos meses para sembrar, cultivar y cosechar nuestra labor evangélica.

Pero de todos modos, nuestro corazón continuaba atraído hacia aquella ciudad con estas palabras: "Regresen a Cartagena". Para ese entonces, Glenn y yo sabíamos muy bien quién nos estaba hablando, por lo que no resistimos su llamada.

Un nuevo *desafío*

DESAFÍO

Aunque al principio fuimos a Cartagena sólo para descansar al sol por algunos días y disfrutar de las playas, ahora nos preparábamos para regresar a cualquier desafío que Dios tuviera para nosotros en aquella ciudad.

Nuestra decisión no ganó por voto popular entre los otros misioneros, quienes nos recordaron las realidades prácticas de la vida. Ellos tampoco se sentían muy cómodos de soltarle las riendas de la administración de las Asambleas de Dios a colombianos.

Pero Dios supo cómo cuidar lo suyo. En los meses siguientes, por primera vez en la historia del trabajo misionero de las Asambleas de Dios en Colombia, una persona de origen colombiano fue elegido como superintendente. Ahora Glenn y yo éramos libres para irnos.

¿Pero adónde iríamos? ¿Dónde empezaríamos nuestro trabajo?

"¿Te acuerdas de Padricka?", me preguntó Glenn.

Padricka era una señora negra que vendía gaseosas y caramelos en una de las murallas que ahora era de atractivo turístico en Cartagena.

Su bella niña de cuatro años de edad había llamado la atención de toda nuestra familia.

"¡Vamos a verla!", dije muy animada.

Encontramos a Padricka entre la muchedumbre, vendiendo sus confecciones. "¡Marilynn! ¡Glenn!". Nos abrazó llena de emoción al vernos de nuevo.

"¿Pero, dónde está tu niña, Padricka?", le preguntamos.

Sus ojos negros se le llenaron de lágrimas. "Mi hija está muy enferma. Tiene una enfermedad terrible". Entonces, con una voz que contenía una débil esperanza, nos dijo: "¿Podrían ustedes orar por ella?" .

"Desde luego, Padricka. ¿Dónde está?", contestó Glenn.

Padricka vivía en San Francisco, un barrio en las afueras de Cartagena. El barrio se llamaba así en honor a san Francisco de Asís, quien vivió en el siglo XIII y adoptó una vida sencilla y de pobreza. Nunca he visto una comunidad con un nombre tan apropiado. Cinco mil personas habían sido echadas a un lado para construir una carretera. A ellos les habían dado tierra con la promesa de que si edificaban una casa en el terreno, entonces serían propietarios de ella.

La gente edificó chozas con papel, ramas de palmas o cualquier cosa que encontraron, nada más que para albergarse. No había facilidades de ninguna índole. No existían aceras ni orden alguno. Las casas no tenían números porque no había calles formales.

Allí encontramos a la niñita enferma de Padricka. Tuvimos que ir de choza en choza preguntando: "¿Saben dónde vive una señora llamada Padricka?". La gente nos miraba con curiosidad, preguntándose quiénes serían esos estadounidenses y por qué estaban allí. Niños negritos, casi desnudos, nos seguían, algunos tímidamente, otros riéndose y jugando con nosotros.

Por fin encontramos a Padricka. Mientras nos preparábamos para orar por su hija, mucha gente nos rodeó. Al escuchar, también comenzaron a orar de una manera sencilla.

La mayoría de esta gente fue bautizada, pero jamás asistía a misa o sabía algo acerca de Dios, excepto que había una iglesia llena de sacerdotes que los guiaría al cielo.

Después de la oración, Glenn se quedó y habló con la mamá y los amigos de la niña. Salí a la calle. Inmediatamente fui rodeada por lo que parecía ser una tribu de chicos africanos, pero que en realidad eran niños pequeños casi desnudos, de sedosa piel del color del ébano. Me bombardearon con preguntas y entablaron una conversación muy animada.

"¿Conocen ustedes a Jesús?", les pregunté. "¿Saben quién es Él?".

Nada más me miraron con ojos asombrados. No sabían cómo contestarme.
"¿Saben de aquel que fue clavado en una cruz para que ustedes pudieran ir al cielo?", persistía. No tenían idea alguna de cuánto eran amados por nuestro Señor y Redentor.

Mi corazón se quebrantó. De repente, en medio del calor, las moscas y el clamor de los niños, una clara y dulce voz me habló de nuevo: "Debes regresar aquí para comenzar tu primera iglesia".

Cuando Glenn salió a la calle y se acercó a mí, le dije: "Creo que debemos regresar aquí".

"Ya hablé con Padricka", me contestó Glenn. "Vamos a usar su casa y los vecinos van a venir a las reuniones".

¡Y así sucedió! La primera iglesia que años atrás tuvimos la esperanza de iniciar en la lejana ciudad de Danville, California, fue establecida en el barrio de San Francisco, en Cartagena, Colombia, entre los más pobres de los pobres.

El gozo del Señor era increíble. Ser ricos y pobres no era lo importante. Lo fundamental era seguir la dirección de Jesús.

¿EN peligro?

Sólo el 5% de la gente en esta parte de Cartagena tenía una vida familiar con un padre. El resto de ellos llevaba una vida totalmente desprovista de estructuras normales.

Muchas de las mujeres se convertían en prostitutas a una temprana edad, sin siquiera darse cuenta de ello. Simplemente compartían sus cuerpos a cambio de lo que necesitaban. Todo pertenecía a todos. La gente iba libremente de choza en choza. La mayoría de los jóvenes eran viciosos, que fumaban y vendían droga.

"¡Están locos!", exclamó horrorizada una amiga de nosotros en Cartagena. "¡No regresen a San Francisco!".

"¿Por qué no?", pregunté confundida.

"¡Porque les van a sacar un puñal y los van a matar! ¡Olvídense de eso!".

"Ella tiene razón", contestó su esposo. "Yo soy el encargado general de trabajos sociales en Cartagena y la verdad es que no hay esperanza alguna para el barrio de San Francisco. La gente allí tiene que ser controlada por la policía. El *Cuerpo de Paz* vino y se fue. Les hemos ofrecido ayuda a la gente de ese barrio y no la han recibido. Todas las organizaciones sociales nacionales se han dado por vencidas en ese lugar".

"Nos negamos a aceptar que no haya esperanza", insistimos Glenn y yo, recordando las sencillas oraciones de Padricka sobre su niña enferma. "Ellos están desesperados por encontrar ayuda y Dios vino al mundo para socorrer a personas como éstas".

"¡Esa gente son como animales!", insistieron nuestros amigos. "Son como una tribu salvaje, y nadie los puede ayudar. Si ustedes tratan de hacer algo por ellos, van a acabarlo todo. El *Cuerpo de Paz* edificó un pequeño centro para ellos. Vinieron a enseñarles artesanías para que pudieran ganar un dinerito con que sostenerse, pero esos salvajes destruyeron el centro con palos. "No", dijeron mis amigos con firmeza y pesar. No piensen que van a poder hacer algo en el barrio San Francisco. Es imposible".

"Déjanos trabajar por seis meses allí y vas a ver lo que Dios puede hacer", contestó Glenn. "Aunque el hombre no puede hacerlo, Dios sí puede".

"Entonces, por el amor de Dios, ve solo", nos suplicó nuestro amigo. "No dejes que Marilynn vaya contigo. Y no acudas a ese lugar por las noches. Los drogadictos matan y violan a las mujeres, sin consideración alguna".

Pero la llamada de Dios en nuestros corazones era firme. Yo sabía que la intención de Dios no era que Glenn trabajara solo y los servicios por la noche eran necesarios. Así que Glenn y yo dejamos a nuestros hijos a cargo de una niñera y en manos de Dios, cuando teníamos que ir a las reuniones por las noches. Conocíamos acerca del peligro, pero también sabíamos que Dios estaba a cargo de todo.

"Jesús, Tú me pediste que trabajara con estos niñitos, así que dejo mis propios hijos en tus manos. Confío en ti". Ésta era mi oración.

Besé y abracé a mis niños y me fui a servir a otros pequeños que tenían poco más que basura a su alrededor. No llevábamos nada de valor material con nosotros. Pero éramos conscientes de que teníamos que darles todo lo que pudiéramos, sobre el hecho de que Jesús los amaba. Oramos para que eso fuera suficiente.

Glenn vendió el Fiat y compró un viejo camión de carga, modelo 43 de marca Dodge. El vehículo tenía una gran cubierta azul y blanca en la parte de atrás. Debajo de la cubierta había bancos. Con Glenn al timón, manejábamos dentro del barrio San Francisco, recogiendo niños por donde quiera que íbamos.

De todas partes salían los niños y saltaban dentro del camión para ir a las reuniones. Así recorríamos las calles del barrio, gritando, cantando y riéndonos. Este ritual llegó a ser una ocurrencia regular. Mi hija Kim me dijo un día que aquellos paseos eran uno de sus recuerdos preferidos de su infancia.

De esas primeras reuniones en la casa de Padricka, nacieron otras. La gente estaba ansiosa de ofrecer sus humildes casitas de adobe para las reuniones. La niña de Padricka, que sufría de epilepsia, comenzó a sanar y a llevar una vida normal.

Algunas de las personas que vivían en casas hechas de bloques de cemento, las ofrecieron pues éstas tenían cuartos más grandes y estables.

La muchedumbre de niños creció y ahora el grupo estaba conformado de 300 a 400 personas. Yo me quedaba en la calle con los niños, tocando mi acordeón, mientras Glenn dirigía las reuniones evangélicas dentro de las casas.

Muchas veces recogíamos a los hombres borrachos del suelo, por haber tomado mucho aguardiente y los llevábamos a sus casas. Orábamos sobre ellos y le pedíamos al Señor que los sanara lo suficiente para que pudieran sentir ese ardor por Jesús.

Por mi parte, oraba: "Señor, no sé qué voy a hacer con estos niños". Pero ahí estaban cientos de ellos, esperando, y yo tenía que hacer algo con ellos. Les enseñé los cantos sencillos que aprendí de niña. Cuando se calmaban, les contaba historias de Jesús.

De regreso a mi casa, recogíamos pedacitos de papel y dibujos. Marcos y Kim me ayudaban a preparar cientos de versos Bíblicos y dibujos para los niños.

JUANITO

Juanito

Noche tras noche, observaba a un delgado joven. Él siempre se paraba a un lado, mirándonos. Sus grandes y claros ojos tenían una mirada fija. En su impecable cara negra había una expresión tan cándida y llena de deseo por la vida y la belleza, que me dolía el corazón al verlo.

"Juanito es un mariguanero", me dijo uno de los niños un día. "Más vale que usted tenga cuidado con él". Todos los otros niños estaban de acuerdo en que yo debía tener cuidado con Juanito. Pero él sólo se paraba y nos observaba. Siempre estaba allí.

"¡Oye, Juanito!", lo llamé una noche, "por qué no vienes y me ayudas a organizar juegos para estos niños?".

Tímidamente se acercó y me ayudó a entretener a los pequeños. La próxima noche regresó con otros de sus amigos mariguaneros para ayudarnos. Jugaron a El gato y el ratón, a juegos que yo me acordaba y algunos que los niños me enseñaron a jugar.

Cuando llovía, los juegos continuaban en el fango. Después de varias horas de juego, los niños se calmaban y se reunían a mi alrededor para oír historias de la Biblia y para cantar.

Empecé a reunirme por las mañanas con las madres, para enseñarles cosas de limpieza e higiene, asuntos que yo nunca había aprendido de los libros, pero que sabía les daría más orden a sus vidas. Después de las clases de salud, entonces teníamos las clases bíblicas.

Juanito aún seguía por ahí mirándonos. Un día me dirigí a él y le dije: "¿Por qué no reúnes a todos tus amigos y empezamos reuniones para jóvenes también?".

Para ese entonces, Glenn ya le había indicado a varias mujeres cómo podían enseñarles a los niños. Yo, entonces, estaba libre para dedicarme a trabajar con los jóvenes.

En la noche de nuestra primera reunión, Juanito miraba nuestro viejo camión Dodge que recorría las calles de tierra llenas de surcos, con la cubierta aleteando por el viento y los niños gritando con deleite. Al dejar a los niños con otra persona que se encargaría de ellos, me fui con Juanito donde sus amigos. Docenas de jóvenes, muchos de los cuales yo no había visto antes, estaban apretados en la pequeña casita. Sabía que todos eran mariguaneros.

Al no tener idea de cómo empezar la reunión, cogí mi acordeón y les hablé a los jóvenes en el idioma que ellos conocían mejor, la música.

Estos muchachos derretían mi corazón. Ellos sabían mucho acerca de su pequeño y desorganizado mundo, pero eran demasiado inocentes con relación a sus necesidades de protección y cuidado.

La melodía que canté fue: "El capitán de mi vida es Jesús". Hubo un silencio al dar la última nota de la canción. La presencia de Jesús se sentía.

"¿Quieres que Jesús sea el capitán de tu vida?", pregunté en un susurro.

"Sí", recibí la respuesta de una suave y joven voz. Era Juanito. "Yo creo en lo que usted dice acerca de Jesús y quiero que Él sea el capitán de mi vida".

Entonces se dirigió hacia los otros muchachos y les dijo: "Yo le voy a dar mi corazón a Jesús. ¿Quieren ustedes venir conmigo?".

Todos se ubicaron alrededor, abrazándose unos a otros y llorando. Eran muchachos que no habían conocido la belleza de la vida y muchachas que se habían entregado a la prostitución desde los 12 y 13 años de edad.

Juanito dijo, de una manera sencilla, las cosas que me había oído decir. "Señor Jesús, yo he hecho muchas cosas que estaban mal. Soy un pecador". Del grupo de jóvenes surgió el eco de sus palabras, cuando cada joven comenzó a hacer una confesión personal. "Pero te pido que me perdones mis pecados y me limpies". Otra vez los jóvenes siguieron a Juanito, repitiendo lo que él decía: "Quiero que vengas a mi corazón. Quiero seguirte".

"Gracias, Jesús", susurré llorando. Fue muy especial escuchar a este grupo de jóvenes pronunciar las palabras que los trajeron al reino de paz en el Señor. Recordé aquella noche cuando era una joven como ellos y por primera vez le dije "sí" a Jesús.

Sentí ganas de decirle a Jesús: "Gracias por los disgustos, las enfermedades y la soledad que fueron necesarias para traerme aquí". El amor que sentía hacia estos jóvenes era inmensamente grande. Aquí estaban los muchachos que se suponía me pondrían un puñal en la espalda. En vez de eso, ellos fueron cortados por la Palabra de Dios.

Después de esa noche, la revolución espiritual en el barrio San Francisco se convirtió en el tema de conversación en toda la ciudad de Cartagena. Parecía que la oscura y escondida área que había sido un terrible centro de maldad, se hubiera convertido en un faro de luz para la ciudad, atrayendo a muchos que venían a ver lo que estaba pasando.

Trabajadores sociales, que mucho antes habían perdido la esperanza en San Francisco, se animaron de nuevo. Mi amigo, el mismo distinguido doctor que había intentado que no trabajáramos en San Francisco, nos dijo que iría con nosotros una noche al barrio. Él quería ver por sí mismo el gozo que podían expresar estas personas que ganaban menos de 30 centavos de dólar al día, al caminar por las calles de oro del Cielo.

A nosotros nos habían dicho que esto no podría pasar. "Primero les tienen que llenar sus estómagos y sólo después escucharán el Evangelio". Pero nosotros no teníamos nada. Carecíamos de comida alguna para alimentar sus cuerpos. La esperanza era lo único que podíamos compartir con ellos. Como Pedro y Juan en la Puerta Hermosa de Jerusalén, no teníamos ni plata ni oro, pero en el nombre de Jesús, les dijimos a estas personas que se levantaran y caminaran (ver Hechos 3,1-6). Ahora cientos de seres de la pequeña comunidad de San Francisco caminaban en una vida nueva en Jesús.

Ésta fue nuestra primera iglesia. Glenn y yo establecimos cuatro iglesias más para las Asambleas de Dios en Cartagena en menos de dos años y medio. La iglesia de San Francisco pronto se valió por sí misma y tuvo su propio pastor.

Nuevas *amistades*

AMISTAD

Durante este tiempo de siembra, cultivo y cosecha en San Francisco, Jesús empezó a introducir una nueva dimensión en nuestras vidas.

Frente a nuestro hogar en Cartagena había un convento de Carmelitas Misioneras. Yo no podía evitar verlas cuando íbamos y regresábamos de nuestro trabajo en San Francisco.

Estas mujeres eran extremadamente diferentes. Usaban un hábito completo, que incluía velos que cubrían casi toda la cara, hasta en el más sofocante calor. Pero lo poquito de la cara que se les podía ver impactaba mucho. Me di cuenta del entusiasmo y gozo que estas religiosas tenían, mientras trabajaban como maestras y enfermeras. Ellas siempre decían "Hola", y parecían estar particularmente interesadas en Marcos y Kim.

Un día, una de ellas me invitó al convento como un gesto de amistad. Acepté su invitación muy contenta y de repente me encontré haciendo lo que cualquier otro misionero protestante hubiera hecho. Traté de convertirlas, no inmediatamente o en la primera visita; pero en mi corazón sabía que habíamos venido a Colombia a llevar gente a Jesús. No se me ocurría pensar que quizás estas colombianas ya pertenecían a Él.

La madre superiora se mostraba interesada en una parte diferente de mi talento. Ella quería que yo le enseñará a tocar el acordeón.

Durante esa primera visita, me sentí atraída hacia sus oraciones litúrgicas. Las monjas se reunieron para orar, recitar los Salmos y cantar. No había sillas, sino sólo almohadones arreglados en el suelo, formando un círculo.

"Siéntate con nosotras", me dijo gentilmente la hermana Magdalena. "Nos encantaría que tocaras algo de música".

No tuve problema alguno de aprenderme los Salmos y las oraciones, así que, cautelosamente, comencé a orar con ellas. Lo que sí me daba trabajo comprender era la manera tan fácil con la que el convento entero me acogió en sus corazones, como si yo fuera una de ellas.

Dos de las hermanas carmelitas tenían mi edad, aproximadamente 30 años. En los días y semanas que siguieron nos hicimos buenas amigas. Ellas tenían curiosidad en mí y querían ver lo que yo hacía para lograr tales milagros en San Francisco.

Lo más natural era llevarlas con nosotros. Mientras yo les cantaba o predicaba a los niños, varias de las hermanas iban de puerta en puerta visitando las familias y ofreciéndoles ayuda en higiene y prevención en salud.

"Glenn, este es uno de los más maravillosos milagros", recuerdo haberle dicho en una de nuestras conversaciones acerca de nuestras devotas vecinas. "Ellas parecen tener el mismo amor e interés de nosotros por servir a la gente de San Francisco. ¿No te anima eso? Tú recibes mucha ayuda de los sacerdotes católicos y yo estoy descubriendo un mundo de colaboración en estas hermanas católicas. ¿Estará Dios tratando de decirnos algo, por medio de todo esto?".

Por primera vez en mi vida sentí una unión espiritual con otra persona con quien no evangelizaba. Aquí estaba el nacimiento de espíritus en hermandad. De pronto me sentí convertida, en lugar de ser la que convertía.

Cuando acababa mis responsabilidades de mi casa en Cartagena, me apuraba y pasaba todo mi tiempo libre caminando por la playa con mis nuevas amigas y hermanas.

Hablábamos por horas. Nunca había tenido hermanos ni hermanas así. Descubrí una nueva dimensión de la amistad. Todo esto me llegó al alma. Por primera vez en mi vida, descubría amistades que llegaban al fondo de mi corazón y me traían paz y alegría.

Ahora, cuando pienso en las experiencias de amistad de esos días, me pregunto qué efecto tendrían en la vida de Glenn. Mi necesidad de compañerismo por fuera de nuestro matrimonio era ajena a él.

Había notado la manera fácil con que Kim conseguía amigos en Colombia. A pesar de las miles de millas que separaban la patria de mi hija y la de sus amigos, de las barreras culturales y las diferencias religiosas, estos compañeros de juego estaban unidos totalmente en Espíritu. Ellos podían correr y reír, sujetarse de las manos y cantar juntos en una expresión pura de amor mutuo a la vida.

Hasta Marcos estaba en paz en este país. Sus amigos le ayudaban a pescar todos los días para sus amigos de cuatro patas: los gatos.

De repente, las similitudes iluminaron mi corazón y mi mente. Yo también podía caminar por la playa, tomada de las manos con estas monjas carmelitas en una amistad natural. "¡Esto es imposible!", me sorprendía pensando. "¿Cómo puedo disfrutar todo este tiempo con estas amigas y permanecer totalmente unidas en el Señor, si no hay nada que nos una espiritualmente?".

Ya habían desaparecido las primeras intenciones que tenía de convertir a estas religiosas, al darme cuenta de que ellas amaban a Jesús tanto como yo. La curiosidad acerca de su manera de vivir y su vida personal en el Señor me llenó.

"Marilynn, déjame decirte acerca de los trabajos de santa Teresa", me dijo una de las religiosas un día. Más tarde me dieron a conocer a san Juan de la Cruz, la contemplación y la meditación. Aquí había una unión total que funcionaba en ambas direcciones.

Su amor hacia mí era igualmente profundo. Todos nosotros sentíamos que habíamos cambiado la vida.

Todos los años las misioneras carmelitas tenían dos semanas de vacaciones para visitar a sus familias. Varias de ellas renunciaron a estas vacaciones y a cambio vinieron conmigo a visitar a la gente de los barrios. Juntas les enseñamos artesanías y otras artes a las mujeres de San Francisco.

Esto era una manifestación personal del Vaticano II. La nueva disposición de la Iglesia católica de reconocer que miembros de otras denominaciones eran cristianos, estaba acabando con muchas de las peleas que Glenn había encontrado al principio. También me llevaba a unirme a estos creyentes en un vínculo que iba más allá de la sangre. Claramente se podía ver que estas religiosas carmelitas no sólo habían leído los documentos del Vaticano II, ellas además vivían este compromiso en sus corazones.

MACHETE

Machetes

Pero, 500 años de un comportamiento habitual en Colombia no se cambian fácilmente, aun cuando un gran comité de la iglesia así lo decrete.

Una noche en San Francisco, Glenn y yo fuimos interrumpidos por una banda de hombres con machetes, dirigidos por un sacerdote católico.

"¡Lárguese de aquí, señor, y no regrese jamás! ¡No queremos su tipo de religión aquí!".

Hablarles del espíritu del Vaticano II no los calmó, entonces nos fuimos por esa noche.

"Pensé que estos problemas ya habían terminado", lamentó Glenn mientras hacía planes para ir a ver al arzobispo de Cartagena.

"Quizás el Señor tiene algo más grande en mente, antes de que nuestro tiempo en Cartagena se acabe", le contesté yo.

Habíamos permanecido en Colombia por cuatro años. La norma general de las Asambleas de Dios era que sus misioneros regresaran para descansar, después de cinco años. Sólo nos quedaban unos meses de este viaje. ¿Qué más podríamos llevar a cabo?

El arzobispo Isaza de Cartagena era un franciscano y un bello hijo de Dios. Al oír de nuestro ataque, nos abrazó y nos dijo: "Por favor, aguántense ahí. Somos uno en Jesús. ¡Nos pertenecemos! Dios los ayudará". Entonces, algo aún más maravilloso aconteció.

"Glenn, creo que debemos llevar a cabo algún tipo de reunión ecuménica en el estadio de Cartagena", dijo el arzobispo. "De esta manera podremos enseñarle visiblemente a la gente que la Iglesia católica anda buscando unidad con tu grupo".

Así, las últimas semanas antes de nuestra salida de Colombia, Glenn y yo nos involucramos en planear una reunión pública. Llamé a mis nuevas amigas del convento para que nos ayudaran y Glenn contaba con muchos que lo respaldaban en toda la arquidiócesis.

La reunión fue un éxito enorme. Aproximadamente 5.000 personas llenaron el estadio. Aquí había una confirmación pública de la cooperación entre misioneros católicos y protestantes. Se veía un espontáneo derramamiento de amor en todo el rebaño del Señor. Aquí había un despertar de nuevas oportunidades y también era el fin de nuestra estancia en Colombia con las Asambleas de Dios.

Tuvimos que irnos cuando más preparados estábamos para servir. ¿Qué nos esperaba más adelante?

4

P E R E G R I N A C I Ó N

PEREGRINACIÓN a la *verdad*

Cinco años parecían haberse esfumado en un instante. Ahora, Glenn y yo nos encontrábamos en los escalones del avión diciéndole adiós a nuestros amigos en Colombia. A pesar de que las Asambleas de Dios requerían que sus misioneros tomaran un descanso cada cinco años, yo confiaba en que regresaríamos a Colombia.

Quizás era por el hecho de que el arzobispo de Cartagena nos rogó con lágrimas en los ojos: "Por favor, regresen y ayúdennos". Acaso porque yo extrañaba mucho a mis hermanas del convento carmelita. Tal vez se debía a que Marcos se sentía muy triste de dejar sus gatos, sin nadie que les pescara comida fresca todos los días. O mi confianza era de pronto por la gran muchedumbre de niños negritos de San Francisco que nos estaban despidiendo con sinceridad.

Proyectando un nuevo *curso*

NUEVO CURSO

Las Asambleas de Dios deseaban ansiosamente que Glenn y yo hiciéramos un trabajo de promoción en los Estados Unidos. Pero nosotros aún estábamos llenos de anhelos por la gente de Colombia; por nuestras amistades interdenominacionales y por nuestra cooperación con la Iglesia católica. Nada de esto nos daba una firme dirección hacia donde sería el próximo navegar por el Señor.

El hermano de Glenn, Juan, era miembro de una junta directiva de las Asambleas de Dios en California y el principal de una escuela secundaria. Él percibió nuestra inquietud.

“Glenn, yo tengo un amigo que te gustará conocer”, dijo Juan. “Él es mi socio en la escuela secundaria que sirvo y es un sacerdote católico. Quizás pueda ayudarlos a clarificar algunos de los sentimientos que han experimentado estos años pasados y acaso les pueda responder algunas de sus preguntas”. Pensé que siendo Juan una persona capaz de controlar una escuela llena de adolescentes, también podría ayudarnos.

El padre Jaime O'Callaghan era párroco de la iglesia de San Juan María Vianney en Hacienda Heights, California. Él era la figura perfecta de un modelo de sacerdote católico: ortodoxo, irlandés, jovial y siempre dispuesto a hablar, especialmente si el tema era relacionado con la fe y su defensa.

Este defensor de la fe, inmediatamente se encariñó con nosotros como “hermanos de Juan Kramar”. Lo que ayudó a fortalecer la amistad fue que el padre O'Callaghan supo de nuestra relación [illegible] colombianos católicos, y de nuestro dese[illegible] seguir sirviendo al Señor.

"¿Por qué no buscamos y dialogamos juntos?", nos invitó. "Cualquier rayo de luz que recibamos, lo aceptaremos, cueste lo que cueste. Espero que no teman hacia donde nos pueda llevar esto".

"No, padre, no tenemos miedo", contestamos con un espíritu de desafío. "Tenemos el Evangelio completo".

"Bueno, mis queridos, yo tampoco tengo miedo porque poseo el pastel entero".

Había mucho amor detrás de estas expresiones. El padre O'Callaghan no sólo era un defensor de la fe, también un hombre que amaba a Dios, a la Iglesia católica y a quienes demostraban un interés en cualquiera de los dos caminos.

Me di cuenta de que Glenn y yo estábamos tomando un riesgo. Pero cualquier cosa que vale la pena, conlleva riesgos. El padre nos dio un pequeño libro titulado *La fe explicada*. Acordamos leer un capítulo por semana y reunirnos regularmente para discutirlo.

Al igual que este impulso espiritual, había un anhelo misionero en nuestra vida. Glenn y yo recorríamos arriba y abajo las calles del sur de California, promoviendo el trabajo misionero en Colombia y pidiendo donaciones en las iglesias para el establecimiento de más iglesias en ese país.

Era una costumbre que cuando los misioneros regresaban de sus asignadas áreas de trabajo, visitaran las iglesias que los habían apoyado con los fondos y compartieran sus testimonios de la vida misionera, al igual que pidieran donaciones para seguir cubriendo el trabajo misionero. Esto también animaba a las iglesias a orar por ellos y estar más al tanto de sus proyectos misioneros.

Marcos y Kim, usualmente, venían con nosotros. Todos nos vestíamos con trajes típicos de Colombia y Marcos tocaba la guitarra. Él siempre tuvo el ritmo colombiano en sus venas y cantaba conmigo. Marcos era un verdadero encanto y Kim, una muñequita. Todo el mundo adoraba a esta preciosa niña misionera. Estoy segura de que recibíamos donaciones más generosas, solamente por nuestros adorables niños.

Cada semana compartíamos las experiencias de lo que pasaba en Colombia con los compañeros de las iglesias de las Asambleas de Dios. Al mismo tiempo, intercambiábamos las experiencias personales de nuestro creciente respeto hacia la Iglesia católica, con el padre O´Callaghan.

Glenn y yo teníamos presente la vivencia de una verdadera unidad de espíritu con las religiosas y sacerdotes de Cartagena. Pero también notábamos que había miles de años de teología, doctrinas y quejas contra la Iglesia católica. Algunas de estas quejas eran parte de nuestra experiencia personal.

El concepto de María, la Madre de Dios, requería clarificarse. Yo había crecido respetando a la joven muchacha judía que fue favorecida por Dios para ser la Madre del Mesías. Mi propia madre me daba discursos acerca de las supremas cualidades de madre que María presentaba para nosotros. Mi papá usó maravillosamente su vida como un ejemplo para jóvenes muchachas cristianas. Un día mi papá me dijo: "Marilynn, si permaneces muy cerca de María, siempre estarás contenta". Pero yo nunca pensé en María como la Madre de Dios ni tampoco como una amiga íntima.

Mis primeras impresiones acerca de la Virgen María en Latinoamérica no fueron muy buenas.

Durante las fiestas y los días santos, los mexicanos en Guadalajara quitaban el polvo de las estatuas de María y desfilaban con ellas por las calles. Después, casi todo el mundo se emborrachaba o salía a pelear con personas de otros pueblos, para ver cual de las dos regiones tenía la virgen más popular.

Le dije al padre O´Callaghan claramente: "María no tiene nada que ver con esto. Ella es para nosotros un modelo humano, pero no igual que los hispanos que se dicen ser devotos de ella".

Pacientemente, este leal católico nos explicó que él también aborrecía tales abusos. Nos recordó que María no era divina, sino la Madre de la Iglesia. Ella tenía un lugar especial como intercesora. El padre O´Callaghan usó muchos ejemplos para indicarnos las necesidades que existían dentro de la Iglesia, en cuanto al sentido de la evangelización y renovación. Yo aceptaba y apreciaba estos conceptos.

"Entonces, explíquenos esto, padre O'Callaghan", le comenté acerca de otro problema. "Entré a la catedral de Cartagena y vi un sacerdote de pie, frente a una larga fila de personas, que querían que el sacerdote orara por sus problemas. Pero vi que él no oraba por nadie, a menos que le pusieran dinero en sus manos. Aquí estaba esta pobre gente casi sin vestido, siendo obligada a depositar dinero en los bolsillos de seda de un cura, antes de que él presentara sus necesidades a Dios. Verdaderamente no puedo entender o aceptar una situación así".

"Ni tampoco debieras", me contestó el padre O'Callaghan en su paciente sabiduría. "¿Dónde podemos encontrar personas que puedan cumplir con unas condiciones, sin caer en ciertos errores?".

Otra gran impresión que necesitaba aclarar era la confesión. Reconocía la importancia de la confesión como un acto privado entre el creyente y Dios. ¿Por qué los católicos tenían que confesarse con un sacerdote? Y si el alma arrepentida es librada de la pena del pecado de esta manera, ¿por qué tanta gente salía del confesionario con las caras largas y expresiones tan tristes? ¿Dónde estaba el amor, el gozo y la paz?

Nos pasamos semanas en esta clase de interrogantes con nuestro nuevo amigo. En cada reunión experimentábamos un gran gozo por nuestra participación y también una nueva dimensión de la espiritualidad. Discutimos el bautismo en el Espíritu Santo y el apostolado de los laicos. Algunas de estas áreas empezaron a despertar su curiosidad.

El movimiento de Renovación Carismática había empezado en la Iglesia católica. El padre O'Callaghan, por ser tan conservador, había eludido la mayoría de estas innovaciones.

Pero ahora se encontraba cara a cara con una pareja pentecostal en su rebaño. A pesar de que Glenn y yo habíamos sido llamados a servir en otro país y no pertenecíamos oficialmente a su Iglesia, éramos creyentes laicos usados por Dios para diseminar el Evangelio de Cristo. Ahora no éramos nosotros los únicos que teníamos que ampliar la comprensión de las nuevas directrices de Dios para el mundo.

Para mayor claridad, el padre O´Callaghan organizó una reunión con el padre Raúl Tichnor, pionero de la Renovación Católica, que trabajaba en la Universidad de Loyola Marymount en Los Ángeles. Nosotros y el padre O´Callaghan teníamos preguntas de esta nueva espiritualidad que compartíamos.

El padre O'Callaghan se entusiasmó con las nuevas posibilidades de evangelización y renovación dentro de la Iglesia católica, por medio de creyentes como nosotros. Glenn y yo empezamos a enamorarnos de la Iglesia católica.

Ahora me veía más allá de los prejuicios y empezaba a comprender la esencia del asunto. Teníamos mucho en común con la Iglesia católica en el fondo de nuestras creencias. Mi entendimiento de la presencia de Cristo y de su visible manifestación entre nosotros se relacionaba directamente con los siete sacramentos de la fe católica.

Cualquier duda que aún me quedara acerca de nuestra lealtad a las Asambleas de Dios fue dejada de lado una noche, debido a una confusión de películas. Glenn y yo estábamos en una iglesia en el norte de California. Íbamos a hablar allí esa noche y también planeábamos proyectar una película.

"Lo siento mucho", dijo el pastor. "Nuestra gente esperaba ver una película, pero la compañía nos mandó una cinta equivocada. Les molesta si la vemos de todos modos?".

"¿Qué película es?".

"Algo acerca de la Renovación Carismática en la Iglesia católica", nos dijo el pastor.

"Bueno, está bien para nosotros si ustedes están de acuerdo", respondimos cautelosamente. "Quizás todos podamos aprender algo".

Ante nuestros ojos se desplegó el primer Congreso de Renovación en Notre Dame. El obispo Mckinney predicó una poderosa homilía titulada: "El cambio de corazón". Él probablemente no buscaba que su mensaje fuera escuchado por una audiencia de protestantes, pero yo sé que esa noche dos hermanos sintieron una profunda necesidad de un cambio en sus corazones. Esos hermanos éramos Glenn y yo.

Para mí esta película tenía un enfoque completo. Glenn y yo nos dimos cuenta de que sólo había un camino que podíamos tomar. No había posibilidad de volver atrás. Aquí, en esta película, estaba el cáliz que vimos en nuestra visión común. Aquí se ampliaba nuestra comprensión del Evangelio entero.

¿Pero, cómo abrazar una nueva Iglesia como laicos simplemente, y de esta forma cumplir con nuestro deseo de servir a los hermanos en Suramérica? Ahora, nuestras preguntas cambiaron. Ya no nos cuestionábamos si lo íbamos a hacer, sino ¿cómo hacerlo?

Al darse cuenta de nuestro conflicto, el padre O´Callaghan sugirió que nos reuniéramos con el cardenal Manning de la Arquidiócesis de Los Ángeles. Era uno de los más respetados y poderosos líderes católicos en los Estados Unidos y en el mundo. Naturalmente, estábamos muy emocionados por este desafío y también algo intimidados.

Nos reunimos a cenar en casa del padre O'Callaghan. El cardenal Manning parecía ser un irlandés muy tranquilo, profundamente sumergido en el amor a Dios. Él escuchaba atentamente.

El cardenal acababa de asistir a un fin de semana del movimiento de cursillos y sentía una gran admiración por esta experiencia. El cursillo estaba diseñado para traer el Espíritu de la renovación a la Iglesia y llevar a la gente a un nuevo encuentro con Jesús en la vida de los sacramentos.

Prácticamente, toda la conversación de esa noche se enfocó en cómo dicha experiencia lo había cambiado a él personalmente de muchas formas. El cardenal Manning compartió con nosotros que anteriormente se le hacía difícil, incluso, darle la mano a otros, el signo de paz en la misa, pues el contacto personal carecía de importancia, a su manera de ver las cosas. Entonces, después de su primera noche en el fin de semana del cursillo, descubrió una nueva y personal expresión para comunicarse con otras personas y tocarlas en espíritu.

Ahora él, en realidad, anhelaba bajar y darle la mano a un pobre señor de edad, quien habitualmente, se sentaba en un banco frente a la iglesia, todas las mañanas. El cardenal Manning apenas había notado a este hombre anteriormente. En ese momento comenzó a darse a otros con una nueva expresión de libertad. Sentía que le era imposible pasar el día sin ofrecerle la mano a ese hombre. Se sentía cómodo, expresando libremente sus más íntimas convicciones. Y eso era exactamente lo que el cardenal estaba haciendo con nosotros aquella noche.

Era casi como si este gran hombre de la Iglesia católica estuviera saliendo de un capullo ante nuestros propios ojos, hasta convertirse en una grandiosa y gloriosa mariposa de expresión.

¡Qué experiencia tan profunda fue esto para mí! Comencé a sentir que mi lucha era también la de un usado e innecesario capullo del pasado. Al ver a este gran líder expandirse y dejar una sombra aún más grande ante nuestros propios ojos, sentí el anhelo de poder desplegar mis alas y volar en esa ardiente revelación de Dios y de su llamado.

Esa noche se hizo realidad que Dios no sólo nos estaba llamando hacia la Iglesia católica, también nos estaba dando una misión específica.

"No tenemos un lugar donde ponerlos", explicó el cardenal. Pero era evidente que algún sitio sería necesario para permitir que un matrimonio guiado por el Espíritu Santo llevara a cabo las responsabilidades de un liderazgo en la Iglesia.

Después de discutir lo que debíamos hacer, el cardenal ofreció ayudarnos a formar una sociedad seglar con el propósito de evangelizar. El padre O'Callaghan serviría como su primer director espiritual, ofreciendo sabiduría y dirección dentro de la jerarquía católica. Pero nosotros le daríamos las alas.

De hecho, el cardenal Manning fue quien sugirió la paloma en el logotipo que aún usamos en nuestra organización Carisma en Misiones, al observarla pasar, "¡Deja que la paloma vuele!". De esta manera, él definió en dónde y cómo debíamos proceder. Jamás he olvidado esa doble invitación y misión.

RENUNCIA

Renuncia

Como resultado de esta experiencia, Glenn fue a las iglesias de las Asambleas de Dios y entregó nuestra renuncia como misioneros. No teníamos idea alguna de lo que íbamos a hacer en términos económicos; pero existía la convicción de que Dios nos estaba llamando a servirle en este nuevo campo.

Naturalmente, hubo confusión y desilusión entre el liderazgo de la iglesia en California. A nosotros no nos importaba mucho lo que la gente pudiera pensar de nuestra actitud, lo que sí nos interesaba era lo que la gente pensara de Dios.

¿Cómo iban nuestros hermanos colombianos e hijos en el Señor a tomar estas noticias? ¿Compartían ellos nuestro entendimiento acerca de la unidad en Cristo? ¿Verían nuestro cambio como una excusa para volver al camino de la perdición, en el que antes habían caminado como católicos no evangelizados?

Las oportunidades llegarían para así descubrir la respuesta a todas estas preguntas de primera mano.

Vagabundos
VAGABUNDOS
espirituales

Oficialmente por fuera de las Asambleas de Dios y todavía no oficialmente recibidos en la Iglesia católica, vagábamos sin un visible medio de sustento espiritual. Al único lugar donde podíamos ir era donde el padre O'Callaghan y a la iglesia de San Juan María Vianney.

El cardenal Manning ya había empezado las gestiones para la bendición de la fundación Carisma en Misiones. Pero aún quedaba mucho por hacer en la formulación de estatutos y artículos de incorporación. Nosotros esperábamos estos puntos. Lo que no esperábamos era la inminente necesidad del bautismo condicional.

Después de todo, si ya habíamos sido usados por Cristo con grandes manifestaciones del Espíritu, hasta el punto de haber sido reconocidos por sacerdotes y cardenales, ¿cómo podría ser que nuestro bautismo estuviera en duda? Aprendimos que dentro de la Iglesia católica, el bautismo condicional significa que una persona puede haber sido bautizada, pero para que el bautismo sea válido, es necesario dicho bautismo condicional.

Nosotros dos habíamos sido bautizados en la iglesia de las Asambleas de Dios, pero lo que el padre O'Callaghan buscaba era una definición más grande. Si íbamos a formar parte de la Iglesia católica, él quería que reconociéramos la verdad profunda de la manifestación visible de la presencia de Cristo, por medio del sacramento del Bautismo. Deseaba que apreciáramos el importante significado que el bautismo condicional tiene para los creyentes católicos. El tiempo requerido en la preparación para dicho bautismo condicional nos ayudaría a estar seguros de qué tanto entendíamos, íntima y personalmente, nuestras propias posibilidades y vida dentro de la Iglesia católica.

Durante este proceso, cuando el padre O'Callaghan vio que necesitábamos ser animados, me dijo: "¿Por qué no vienes y me ayudas a comenzar un grupo de oración en mi parroquia?". Encantada, le dije que "sí".

Jamás habíamos trabajado en la Renovación Carismática y no sabíamos cómo empezar un grupo y mucho menos cómo dirigirlo. Nuestra experiencia nos llevaba a un camino opuesto. Sabía motivar a la gente para que dejara la comodidad de su parroquia y sirviera en otros países, o a que financiara obras misioneras en lugares lejanos, pero no estaba segura de poder animar a otras personas a tener un nuevo espíritu de dedicación en su propio santuario.

Oramos mucho. Esto hizo que las cosas funcionaran desde el principio. El padre O'Callaghan reunió a toda su parroquia para orientarlos sobre lo que significaba orar juntos y buscar los frutos del Espíritu Santo. Glenn y yo probablemente aprendimos más que el resto de la congregación, durante esta primera reunión.

No nos veíamos como piezas de motor de ninguna máquina formal de la Renovación Carismática. Simplemente estábamos enamorados del corazón de la Iglesia católica. Quizás para nuestros hermanos católicos éramos evangelizadores encendidos en el Espíritu, y nuestra misión era de unidad espiritual.

Pronto tuvimos aproximadamente 300 personas que acudían a las reuniones de oración todas las semanas. Eran de habla inglesa, personas de ingresos medio y alto que llegaban de todo el valle de San Gabriel.

Las cosas pasaron muy rápido durante este corto tiempo, entre diciembre de 1972 y mayo de 1973. Mientras enseñábamos y estudiábamos la fe católica, sentí un urgente impulso de regresar a Colombia para discernir, personalmente, lo que Dios haría por medio de nosotros en esta nueva visión.

"Tengo algo que decirles..."

Mi papá era muy bello. Me preguntaba qué pensaría este devoto ministro acerca de su rebelde hija. Muy pronto él me hizo saber su opinión con gran convicción. Mamá y papá nos habían acompañado al aeropuerto para despedirnos en nuestro viaje a Colombia.

"Mamá y papá, tengo que decirles algo antes de irme del país. Quizás deberían sentarse antes de oir esta noticia", les anuncié mientras me miraban sorprendidos. "Yo creo que cuando regresemos de este viaje nos vamos a volver católicos".

Entonces mi papá fue quien me sorprendió. "Bueno, cariño", me dijo, "yo creo que tú eres la que se debe sentar. Quiero decirte que siempre hemos creído que estás dentro de la voluntad perfecta de Dios. No vamos a desvelarnos por ti y siempre te respaldaremos. Siempre estaremos contigo".

Abracé a lo dos con gran fuerza. Aunque estaba abordando un avión para un viaje de miles de millas, nunca me había sentido tan cerca de mis padres y de mi Dios y Creador.

"Jamás seremos los *mismos*"

JAMAS LOS MISMOS

Durante el despegue del avión en el aeropuerto de Los Ángeles, recuerdo haber mirado por la ventana, mientras pensaba: "Jamás seremos los mismos". Me sentía abrumada, casi sin aliento y débil en mi entendimiento de nuestro nuevo papel en la vida, pero profundamente convencida. Glenn compartía este sufrimiento conmigo. Sin embargo, disfrutábamos de los vientos de cambio y la unidad en nuestros propósitos.

Al llegar a Colombia decidimos tomar el riesgo de visitar al arzobispo de Medellín.

Situada en el interior de Colombia, Medellín es una de las ciudades católicas más conservadoras de la nación y quizás del mundo latino. En ese entonces no había pasado por la ola de violencia y de delincuencia que la estigmatizó. Glenn fue directamente a ver al arzobispo Tulio Botero y compartió con él nuestra situación. Nos ofrecimos para hacer lo que él necesitara. Esto puso al arzobispo muy contento.

"Quiero que conozca a nuestro obispo que vive en Sonsón-Rionegro. Él es de la misma arquidiócesis y tiene mucha curiosidad acerca de lo que está pasando con este movimiento del Espíritu. Yo creo que ustedes deben ir y hablar con él".

El arzobispo Botero envió a un sacerdote jesuita, Florencio Álvarez, a acompañarnos en nuestro viaje a Sonsón-Rionegro. El padre Álvarez era un hombre totalmente dedicado y activo con respecto a las Escrituras y la renovación evangélica. Aunque de estatura baja y ya de edad, este discípulo manejaba un campero y era conocido en cada convento y seminario de la región. Era muy entusiasta en la promoción de las Escrituras y parecía conocer de todo y a todo el mundo.

El padre Álvarez no sólo nos llevó al obispo Alfonso Uribe Jaramillo en Sonsón, también nos transportó de convento en convento, de seminario en seminario y de escuela en escuela. Estaba encantado de ayudarnos a compartir lo que sucedía en nuestras vidas, por medio de la revelación del Señor en el Concilio Vaticano II y la fe católica.

El obispo Uribe Jaramillo nos invitó a dictar un retiro para sus sacerdotes y religiosas. Nos advirtió que no deberíamos prestar mucha atención a expresiones externas porque "nosotros no hacemos cosas como tocar, sentir, aplaudir o cuestiones por el estilo". Les recomendó a los sacerdotes y a las religiosas "prestar atención a lo que los Kramar les dirían acerca del trabajo del Espíritu".

El regalo dado de mala gana

MALA GANA

Un incidente sucedió, el cual me hizo agradecer la paciencia y el entendimiento del obispo Uribe Jaramillo.

Esto ocurrió durante uno de los retiros que dimos para unas religiosas franciscanas en la ciudad de Medellín. El tópico de nuestro material fundamental era acerca de la vida en el Espíritu. Al presentar la parte relacionada con el "trabajo del Espíritu Santo y los regalos carismáticos del Espíritu", lo hice con el método de enseñanza que aprendí y practiqué mientras estaba en las Asambleas de Dios.

Poníamos gran énfasis en hablar en lenguas. Eso era todo lo que yo sabía hacer, pues todavía estábamos aprendiendo. Como la charla se dirigía a diferentes personas con diversas formaciones y antecedentes, sin pensarlo dos veces, retomé mi experiencia con las Asambleas de Dios para ilustrar el tema que estaba enseñando.

La gente estaba a la expectativa acerca del momento en que alguien hablara en lenguas, para comprobar que habían recibido el Espíritu Santo. La promoción de hablar en lenguas se llevaba gran parte de nuestra presentación.

Acabamos nuestra enseñanza con poca evidencia de parte de estas religiosas, de que algo estaba pasando por medio del Espíritu. Al terminar el día, todos estábamos sentados en círculo y una monja dijo algo en otro idioma. Luego, ella dio la interpretación en español. Naturalmente yo me puse muy contenta y dichosa. Esto "comprobó" que habían aprendido y respondido.

Cuando terminó el retiro y ya me iba del convento, la madre superiora me preguntó: "¿Ahora estás contenta?". Nos habíamos hecho buenas amigas. Pero de todos modos le tuve que preguntar: "¿Qué quieres decir?".

"¿Estás contenta de que por fin una de las monjas hablara en lenguas y diera su interpretación?".

"Sí".

"Siento mucho tener que decir esto" continuó ella, "pero te perdiste de toda la belleza de este entero fin de semana. Caminaste por toda esta experiencia sin siquiera estar al tanto de la hermosura de la presencia de Dios y de lo que Él estaba haciendo en la vida de nuestras hermanas".

Dicha apreciación me llegó al corazón desde su primera frase. Pero ella continuó explicándome lo que Dios había hecho por medio de nosotros y del retiro entero, al darle a sus hermanas un nuevo entendimiento de Su primer amor. Mi enfoque en las acciones y manifestaciones externas casi había pisoteado estos delicados botones de flor. Yo tenía mucho que aprender acerca de las expresiones de sincera renovación.

Naturalmente, oír la verdad dolía. Pero afortunadamente, las heridas que se tratan con amor llegan con su propio bálsamo para sanar. Desde ese día me puse a los pies de los obispos y traté de comprender, más plenamente, que mis vivencias se relacionaban también con las experiencias que Dios ya les había dado a estos servidores, llenos y guiados por el Espíritu de Dios.

De estos encuentros de edificación mutua, el obispo Uribe Jaramillo inició 250 grupos de oración en sólo seis meses, en su pequeña diócesis donde la mayoría de las personas sembraba café. Él fue lo suficientemente valiente como para iniciar un grupo en su propia casa. Allí invitaba a los sembradores de café a ir y sentarse en el suelo con él para orar. Fue uno de los más conocidos obispos de la Renovación Católica en Latinoamérica. Fundó seminarios donde se preparan jóvenes para apostolados misioneros en el mundo latino.

Su hambre por la Palabra de Dios era un ejemplo inmenso y una gran motivación para nosotros. Aunque continuamente nos daba las gracias por haber traído nuestro mensaje a su país y transmitírselo, nosotros éramos los que nos sentíamos agradecidos por lo mucho que nos había enseñado.

Considero que fue una magnifica oportunidad haber podido sentarnos a los pies del obispo Alfonso Uribe Jaramillo de Medellín. Él nos dio una comprensión mayor de cómo nuestra renovación se relacionaba con Jesucristo, quien es el Corazón de la Iglesia, y de los signos visibles de su presencia por medio de los sacramentos.

BAUTIZADOS

Bautizados

Este viaje a Colombia duró aproximadamente seis semanas. Al regresar a los Estados Unidos, Glenn y yo estábamos decididos a llevar a cabo nuestro bautismo condicional en la Iglesia católica.

Toda nuestra familia asistió. Esto incluía a la familia Roberts, la familia Kramar, nuestros amigos íntimos y los hermanos de la iglesia de San Juan María Vianney. Todos ellos estaban allí para recibir a Glenn, a Marcos, a Kim y a mí en la Iglesia católica por medio del bautismo condicional. Esto ocurrió en mayo de 1973.

El padre O'Callaghan me habló acerca de una tradición hermosa que acompaña al bautismo. Ésta fue aun más hermosa para mí, pues yo ya la había cumplido de antemano.

Al bautizarse, se le ofrece al creyente un nuevo nombre. Para mí esto no era necesario. Mi nombre, Marilynn, viene de una santa mujer reconocida por la Iglesia católica. El padre O'Callaghan me dijo que "Meri" era el nombre de una evangelista del siglo II, así que yo podía usarlo como mi nombre cristiano en el bautismo.

Regalo de un *cardenal*

DE UN CARDENAL

El cardenal Manning nos mandó un regalo para esta ocasión. En ese entonces no entendimos el significado completo del obsequio, pero hemos llegado a apreciarlo más y más con el paso de los años. Era un atractivo medallón de Nuestra Señora de los Ángeles, la imagen de María que está puesta en la catedral de Los Ángeles.

Lo que nosotros no nos habíamos dado cuenta era que el nombre Los Ángeles tiene antecedentes en san Francisco de Asís. Una capilla llamada Porciúncula, o “pequeña porción” representa el mismo lugar en Asís, Italia, donde san Francisco realizaba sus devociones personales, después de que se dedicó al trabajo de austeridad y renovación espiritual.

La tradición señala que cuando san Francisco iba a esa capilla a orar, se podía escuchar el sonido de los ángeles, a través de las paredes. Esta “pequeña porción”, con las voces angélicas, fue más tarde donada a san Francisco como su primera habitación misionera y el centro de su trabajo de evangelización franciscana.

Años después de recibir este regalo en nuestro bautismo, Glenn y yo tuvimos ocasión de viajar a Italia. Asistimos a nuestra primera conferencia mundial de Renovación Carismática en la Iglesia católica. Tuvimos la oportunidad de visitar Asís y estar en esa misma capilla.

Entonces me sentí realizada. Había dado una vuelta completa hasta el lugar donde la Iglesia católica empezó una de sus renovaciones. Yo era producto personal de esa renovación y seguiría compartiéndola. Esta "pequeña porción" en la Porciúncula me impactó tanto, al punto de que incluso afectó el nombre de nuestro centro Carisma en Misiones.

"Marilynn, yo creo que el cardenal Manning quiere darle un nombre al centro", nos dijo nuestro director espiritual algunos años más tarde, cuando ya habíamos crecido lo suficiente para tener nuestro propio edificio. "¿Por qué no le das la libertad de que lo haga?".

Con mucho gusto le pedí al cardenal que nos hiciera el honor de bendecir el centro. Antes de venir, me llamó un día y me dijo: "Marilynn, quiero preguntarte antes de asignarle un nombre al centro, si tienes alguna idea de cómo debe ser llamado. Yo quisiera saber si estoy en la línea de lo que tú sientes".

Pensé por un momento y le contesté: "Bueno, la única idea que tengo es que debe representar algo de la espiritualidad franciscana. Desde nuestras primeras experiencias con la gente del barrio San Francisco en Colombia; además, el regalo que usted nos dio en nuestro bautismo y todo el concepto del espíritu de pobreza, yo quisiera que el nombre representara algo de la vida de san Francisco de Asís. Y también debería ser fuertemente Mariano, porque yo amo a María".

"¡Ahí lo tienes!", me contestó entusiasmado. "Es la Porciúncula, la pequeña porción de san Francisco de Asís".

Parecía que el cardenal, en realidad, ya había nombrado nuestro centro, mucho antes de haber escogido el regalo que nos dio el día de nuestro bautismo.

Hoy en día, ese mismo regalo con la inscripción: "Nuestra Señora de Los Ángeles de Porciúncula" se encuentra en el altar de nuestra capilla. Descansa sobre una roca de la actual capilla de la Porciúncula, ya que un sacerdote franciscano recogió una de las piedras y nos la dio cuando estuvimos allá de visita.

Desde nuestro bautismo e incluso antes, hemos permanecido cerca de la fundación de san Francisco de Asís.

Clases para *mujeres*

MUJERES

Pero nos estamos adelantando en nuestra historia.

Poco después del bautismo, el padre O´Callaghan me preguntó si quería distar una clase de estudios bíblicos para mujeres en la parroquia. Luego, él hizo que la clase fuera de asistencia requerida para sus maestros de catecismo.

Al prosperar las reuniones nos sentimos más y más cómodos con nuestras nuevas responsabilidades. Otros líderes de la parroquia asistían regularmente para llenarse del espíritu carismático y ¡para obedecer al padre! Me sentía como en mi propia casa.

Esto hizo que el próximo paso nos pareciera totalmente natural. Mientras compartíamos nuestro amor por la Iglesia católica, el cual brotaba de nuestros corazones, no podíamos evitar compartir también nuestro deseo más íntimo. Con estos grupos de ejecutivos, mujeres, maestros y líderes de la parroquia, nuestras oraciones una vez más eran dirigidas hacia la gente de Colombia.

El centro de otro leal grupo de apoyo misionero se fortaleció. El padre O'Callaghan hasta nos permitió recoger algunas ofrendas.

Así, como cuando estuvimos en Colombia por primera vez, todo lo que tocábamos se convertía en oro. Bajo la dirección del padre O'Callaghan empezamos a ofrecer retiros y misiones fuera de la parroquia y por toda la arquidiócesis.

Usábamos la Biblia y los documentos del Vaticano II en nuestras presentaciones y proclamaciones en las distintas parroquias y misiones. Esto nos proveía de un gran sentido de identidad para nosotros, que sólo éramos líderes laicos. Estos documentos detallaban nuestra misión en la iglesia: llevar nueva vida a huesos secos, dentro de la casa de Dios. Los primeros cristianos habían ido a evangelizar y bautizar nuevos creyentes. Nuestro trabajo era el de evangelizar católicos bautizados, quienes no entendían en profundidad el amor de Dios y tampoco estaban viviendo una fe verdadera.

MANIFESTACIONES

Manifestaciones

Por aquel tiempo, Glenn y yo regresamos a Bogotá, por un corto periodo. Quería visitar a nuestro viejo amigo, el padre García Herreros.

Durante los años de nuestra peregrinación de las Asambleas de Dios hacia la Iglesia católica, hicimos por lo menos ocho o nueve viajes de diferente duración a Colombia. Estos viajes me ayudaron inmensamente a definir el alcance y dirección de nuestro camino espiritual. Uno de estos viajes me viene a la mente de una manera especial.

En Bogotá, fui invitada a visitar una escuela benedictina de niñas en uno de los sectores de estrato alto de la ciudad. Glenn no me acompañó en dicha ocasión y yo quería hacerlo todo como una buena mensajera del Espíritu.

Las religiosas de ese lugar estaban interesadas en la Renovación Carismática, pero no sabían qué hacer acerca de ello. Ellas me pidieron que las ayudara a preparar un retiro para las estudiantes de la escuela secundaria.

Decidimos presentar cortos mensajes sobre el amor de Dios y las consecuencias del pecado. Realicé mi enseñanza acerca del amor de Dios y la terminé en oración. De repente, varias de estas muchachas empezaron a sentir fuertes manifestaciones del Espíritu. Yo no había hecho nada para que esto sucediera. ¡Ni siquiera estábamos discutiendo las manifestaciones del Espíritu! Súbitamente, recibieron el abrumante impacto del Espíritu Santo.

Algunas empezaron a llorar. Otras oraban en el Espíritu. Una muchacha se paró y comenzó a hablar en lenguas. ¡Comenzaron a suceder hechos espectaculares!

La muchacha con el don de lenguas comenzó a escribir frases en el tablero, en una lengua que ella no conocía. Una de las religiosas, que era alemana, miró al tablero y empezó a traducir todo lo que la muchacha estaba escribiendo.

Otras religiosas llegaron corriendo. Los demás maestros querían saber qué estaba sucediendo. Yo no sabía cómo explicarlo.

Lo que aconteció después fue una verdadera sorpresa. Jamás había sentido algo similar. No sé cómo, pero de repente recibí un santo regalo de risa. Yo estaba apenada y quería parar, ¡pero me doblaba de la risa! Cuando sonó el timbre y se empezaron a subir las muchachas a los buses, todavía estaba parada en una esquina del salón, inmersa en la risa.

Jeannette, la muchacha con el don de lenguas, salió del cuarto hablando en otro idioma. Se subió al bus con sus amigas y siguió orando en el Espíritu, pero en ese idioma.

Las religiosas me llevaron a la oficina, mi risa seguía y se escuchaba por los corredores. No sabían qué hacer conmigo, con ellas mismas o con las estudiantes.

Unos minutos más tarde, los padres de Jeannette llamaron por teléfono.
"¿Qué le hicieron a nuestra hija? ¿Por qué no habla español? Ni siquiera está hablando en inglés, si así fuera, por lo menos lo entenderíamos".

"Tráiganla de regreso a la escuela mañana", dijo una de las religiosas, pues fue la mejor sugerencia que se le ocurrió. "Les explicaremos lo que pasó y todo se arreglará".

A la mañana siguiente entré a un salón lleno de maestros, psicólogos, reporteros y los confundidos padres de Jeannette. Su padre era un doctor muy conocido en la ciudad, quien había sufrido un ataque al corazón y estaba recuperándose en casa. Su esposa estaba nerviosa.

Jeannette me dio una nota escrita en inglés. "No se preocupe por mí. Yo sólo estoy con Jesús". La sacudí y le dije: "¡Jeannette, por el amor de Dios, habla en español!". Pero no hubo resultado alguno. Ella se retiró a un rincón y se sentó allí, perdida en su propio mundo.

Entonces me tuve que enfrentar con el problema de explicarle a toda aquella asamblea lo que había sucedido. Los asistentes comenzaron a escribir y a tomar copiosas notas.

Al final de la reunión, cuando se acabaron las preguntas y todos entendieron lo que había sucedido, una de las religiosas que no había formado parte de todo este episodio, se paró al frente de la clase donde yo estaba.

La cara se le puso roja y comenzó a temblar. Con las miradas puestas en ella y con una manera rara de actuar, abrió la boca y comenzó a profetizar en medio de toda esta gente. Una vez más alistaron los lápices para tomar nota. Después de esta reunión, Jeannette se fue a su casa y continuó hablando en lenguas, durante los siguientes siete días.

Las cosas se calmaron lo suficiente como para que yo pudiera regresar a Los Ángeles. Entonces le tocó al padre García Herreros explicarlo todo. Yo tenía miedo de que este incidente desacreditara a la Iglesia.

Las explicaciones del padre García Herreros se extendieron por todo el país, a través de los periódicos y la televisión. Explicó cómo el poderoso Espíritu de Dios había llegado a la escuela benedictana de muchachas. Él lo presentó como una poderosa manifestación de la renovación que estaba corriendo por la Iglesia católica en Colombia. ¡Estuvo espectacular! Escribió páginas y más páginas acerca de este evento y los periódicos publicaron la historia. Hasta el día de hoy, aún guardo algunos de esos artículos.

No mucho después de este incidente, Glenn y yo regresamos a Colombia y con el padre García

Herreros anunciamos el primer Congreso de Jóvenes que daríamos juntos. Miles de jóvenes asistieron a este congreso, debido a las invitaciones hechas por la televisión. Con esta experiencia aprendí que Marilynn Kramar tenía mucho más que ofrecer al mundo, aparte de la música y los consejos matrimoniales.

Al reflexionar sobre lo sucedido, también me di cuenta de que las relaciones, probablemente, jamás serían iguales con los misioneros de las Asambleas de Dios en Colombia.

Pronto, todos se enteraron de la nueva vida de Glenn y Marilynn Kramar. La mayoría de nuestros conocidos no sabía qué decir acerca de nuestro bautismo condicional en la Iglesia católica. Algunos pensaban que nos habíamos vendido a la "prostituta de Babilonia". Otros simplemente no sabían cómo responder.

Ellos conocían de nuestro celo por Cristo y de nuestra dedicación a la gente colombiana. A algunos les dio miedo cuando se pusieron a pensar que quizás otros misioneros de las Asambleas de Dios que vinieran a servir en Colombia, también quisieran seguir nuestros pasos.

La mayoría de quienes trabajaban con las Asambleas de Dios en Colombia se quedó con gran dolor. Deseaban que volviéramos con ellos, pero esto era difícil para nosotros. Aun con nuestro nuevo gozo, no podíamos defendernos adecuadamente o expresar cómo nos sentíamos. No sabíamos explicarles que aunque nos habíamos convertido a la fe católica, Jesucristo era el Pastor de ambas religiones.

Nuevas dimensiones

Al regresar a Los Ángeles, después del incidente en la escuela de muchachas, estaba tan entusiasmada por el Señor que corrí a compartir esto con uno de sus servidores.

Algunos sacerdotes no se acostumbran al contacto físico con el pueblo y mucho menos a los abrazos. Hasta ese momento, el padre O'Callaghan era uno de ellos.

Él había sido criado de una manera diferente y no estaba acostumbrado a expresarse tan abiertamente con los laicos.

Naturalmente, invité al padre O´Callaghan a que escuchara toda la historia. Cuando llegó a nuestra puerta, prácticamente salté a sus brazos, lo agarré y le di tremendo abrazo. Estaba muy emocionada y llena de gozo y agradecimiento en mi corazón por todo lo que Dios me había dado, gracias a este hombre. Él me había ayudado a compartir mi vida con muchas personas. Era consciente de que por medio de él, Dios me había bendecido con el regalo de una nueva vida. Todos estos sentimientos salieron de mí en aquel emotivo saludo.

No sé qué pensó en ese momento, pero yo quería que él supiera todo el bien que su paciente esfuerzo había logrado en nosotros y en tantas otras personas.

Ignoro si se debió a este saludo singular o quizás por haber culminado su trabajo con nosotros, o tal vez influyeron otras razones, pero la realidad era que la vida del padre O'Callaghan había cambiado.

Desde ese día este clérigo, que a veces había actuado frío y distante, se convirtió en un cálido y expresivo hermano. ¡Ahora permitía que otros lo abrazaran! Aún me abraza, cada vez que nos vemos. Aprendió no sólo a dar afecto a su congregación, también a recibirlo.

Vi que esta misma lección se repetía en la vida de la mayoría de las personas que conocí durante esta peregrinación, desde las Asambleas de Dios hacia la Iglesia católica. En lugares donde la gente solamente se interesaba en los asuntos entre Dios y ellos mismos, ahora le importaban las necesidades y emociones de sus compañeros. Era como si Dios, al mirar hacia abajo hubiera dicho: "Si quieren una relación especial conmigo, hagan algo especial por aquellos a quienes yo amo".

Hoy en día, el padre O'Callaghan es monseñor y uno de los sacerdotes más activos en la Renovación Carismática. Jamás he visto una parroquia más renovada que la de él. Motiva a los laicos y la comunidad ha crecido tremendamente. Actualmente, su parroquia tiene más de 10.000 creyentes. Es un lugar increíble. A mí me alegra pensar que contribuí en una pequeña parte al crecimiento de monseñor, para que pudiera expresarse de una manera más cercana.

Fuera de las nubes

El padre O'Callaghan me presentó al obispo Juan Arzube, vicario de la comunidad de habla hispana en Los Ángeles. Ambos sintieron que mi entusiasmo contagioso sería una buena vacuna para la comunidad hispana.

"Pero antes quiero que bajes de las nubes y vengas a la realidad de lo que está pasando en California. Entonces, quizás nos podrás ayudar a llevar a cabo algo por la gente hispana en la arquidiócesis", me dijo el obispo Arzube.

Organizamos un retiro en el seminario de Camarillo, California. Ésta es una bella comunidad localizada a 60 millas al noreste de Los Ángeles, no muy adentro de donde el sol y el cielo se tocan en la Costa Californiana. Lo que aprendí allí, con seguridad, me bajó de las nubes.

El salón donde nos reuníamos estaba lleno de sacerdotes, religiosas y líderes laicos hispanos que habían llegado de todo el estado de California.

César Chávez, con sus compañeros del agro, trabajaba duro para efectuar los cambios necesarios, tendientes a defender los derechos de los trabajadores agrarios en California. Con los líderes de la iglesia, Chávez buscaba las maneras de efectuar dichos cambios.

Jamás olvidaré la emotividad que sentí al entrar al salón. La gente gritaba por el micrófono: "¡Qué viva la huelga!". Otros trataban de imponer sus opiniones acerca de la justicia social, en cualquiera que los escuchara. Esto era un mundo nuevo para mí.

El obispo Juan me había pedido que iniciara algún tipo de renovación y evangelización en esta área. Era inspirador saber que en medio de tanto antagonismo y confrontación, podría nacer un espíritu de amor y cooperación.

Mi corazón y mi alma estaban con la Iglesia católica, enfrentando los presentes problemas al sur de California. Mi peregrinación a otro altar había concluido y ahora, evidentemente, existían muchas personas a las que debía servir.

¿Había tomado conciencia de lo que esto me costaría? La respuesta a esta pregunta fue muy importante, pues los cobros comenzaron a llegar de muchos lugares inesperados.

5

E L C O S T O

EL COSTO de la *obediencia*

Uno de nuestros primeros sacrificios fue financiero, pues no teníamos un salario del cual depender. El padre O'Callaghan nos permitía recoger ofrendas para el trabajo misionero en Colombia en su grupo de oración y eso era todo. Gracias a Dios que yo sabía cómo "vender matamoscas".

Teníamos nuestra oficina en el viejo estudio de radio de mi papá en

Fullerton. Una señora que había sido su secretaria nos prestó el equipo para grabar cintas magnetofónicas y usarlas en Colombia. Produjimos una serie sobre la enseñanza titulada *Los siete pasos a la vida abundante*. Esto incluía temas como: "Introducción a la vida en el Espíritu", "El amor de Dios", "La conversión", "La vida en el Espíritu Santo" que incluía una descripción de los dones carismáticos y la "Continua vida de oración".

El grupo de oración de san Juan María Vianney financió 42.000 cintas magnetofónicas en español, durante nuestro primer año. Ellos se llenaron de inmenso entusiasmo al ver el impacto que podían tener con el trabajo misionero en América Latina, aun siendo laicos. El gozo de nuestra conversión parecía llevarlos a promover actividades que eran los instrumentos de nuestro esfuerzo en la renovación.

Era emocionante ver estas cintas magnetofónicas en uso. Enviamos copias o se las presentamos personalmente a líderes como el padre García Herreros y otros quienes deseaban promover la evangelización y la renovación. Conventos y seminarios también escucharon estos mensajes grabados.

Nunca sabíamos el alcance de este trabajo, pues el sistema de distribución era fabuloso. Un convento podía distribuir los materiales a cada comunidad y a cada escuela en la región entera. En otros viajes que hice a Colombia más tarde, escuché nuestros mensajes y la música cuando eran reproducidos en las plazas principales de comunidades enteras. Esto ocurrió a comienzos de 1970, tiempo en que la grabadora de cintas empezaba a ser muy popular... un momento oportuno para el trabajo del Señor.

Estos mensajes grabados fueron bienvenidos y muy efectivos, pero no muy lucrativos para nosotros, como para pagar nuestras cuentas. Tratamos de suplir nuestros ingresos con un boletín de noticias.

El boletín se llamaba *CharisMissions* y tenía un logotipo de Jesús sujetando una Biblia en una mano y un reloj de arena en la otra. Fomentaba la renovación, pero no hizo mucho por suplir el apuro financiero.

Recaudar fondos era mucho más difícil en las congregaciones católicas. Muchos no estaban acostumbrados a la idea de que el trabajo misionero podía llevarse a cabo con la ayuda de los laicos, y mucho menos a que los laicos recaudaran sus propios fondos para financiar dichos trabajos.

Aunque estábamos pasando momentos difíciles sin mucho dinero, teníamos el gozo de nuestro primer amor por la Madre Iglesia. Para nosotros, esto nos daba mayor seguridad que un simple cheque.

Sentimos que el Señor nos llamaba a llevar lo que la Iglesia católica denomina "una vida de pobreza". El ciento por ciento de nuestra vida parecía girar alrededor de esta misión. Sólo esperábamos una suficiente provisión de Dios para pagar nuestro alquiler y cubrir nuestras necesidades básicas. Si el trabajo que hacíamos estaba en voluntad Divina, sentíamos que el Señor nos enseñaría cómo financiar el trabajo.

Tratábamos de que nuestras preocupaciones económicas no afectaran a Marcos y a Kim. Vivíamos el día a día, sólo con la certeza de que teníamos ropa para nuestros hijos y dinero para pagar el alquiler. Muchas veces me acordaba de mis días cuando vendía los matamoscas. Sin embargo, estábamos todos juntos y supongo que, aunque fuera sólo por esto, la vida se podía sobrellevar.

Nunca habíamos deseado ser ricos. Nuestros corazones estaban con las necesidades de la gente. Y el nivel de subsistencia de la gente no era abundante en absoluto.

De veras estoy muy contenta del desarrollo de Carisma en Misiones. Hay una gran necesidad de instrumentos de servicio dentro de la iglesia. Cada año, más y más órdenes religiosas y conventos están cerrando sus puertas, porque dicen que no hay más vocaciones.

Pero nosotros hemos observado que hay gran cantidad de vocaciones hacia la vida consagrada. No obstante, la mayoría de ellas no se encuentra dentro de las prescritas maneras del pasado. Posiblemente, el Señor está levantando organizaciones como Carisma en Misiones, dentro de los laicos, para llevar a cabo su trabajo por todo el mundo. Estas organizaciones tienen que sostenerse de algún modo y me siento bendecida porque hemos podido servir como pioneros en esta área.

Encuentro latino

"Encuentro Latino para la Renovación Cristiana en el Espíritu Santo".

Junto con el obispo Juan Arzube, imaginábamos un encuentro latino para la renovación y reconciliación de la comunidad hispana. Nos pusimos en contacto con todos los líderes de la región e invitamos a los que pudimos por toda la arquidiócesis y otras partes de California.

El primer Encuentro Latino tuvo lugar en 1975 en la Misión de San Gabriel, en las afueras de Los Ángeles. Asistieron aproximadamente 600 personas. Provenían de Los Ángeles y de toda California, al igual que de México y otros países latinoamericanos.

Animamos a los sacerdotes a que comenzaran a trabajar con los ministerios de la Renovación Carismática en Latinoamérica y a unirse a nosotros en esta labor. Nuestro enfoque era proclamar la Buena Nueva a la gente hispana y así evangelizar a los católicos militantes de la iglesia, al igual que proveer enseñanzas a aquellos que deseaban participar en el trabajo de evangelización y renovación.

El Espíritu del Señor estuvo en este evento de manera notable. La gente captó la visión y comenzó a trabajar al lado de Carisma en Misiones. La actividad conllevaba más que enseñanzas o instrucciones catequísticas, pues era una llamada directa hacia la reconciliación y la renovación.

El ministerio de cintas grabadas continuaba propagándose por toda latinoamérica. También teníamos el deseo de organizar reuniones populares de evangelización y renovación todos los meses.

Comenzamos con estas reuniones en Los Ángeles, las cuales eran muy semejantes a las que Billy Graham hacía durante sus campañas evangélicas. Una vez recuerdo haberlo visto en la televisión. Miles de personas recibían a Cristo gracias a este tipo de evangelización.

Pensé: "Dios mío, como audiencia católica debemos actuar sobre nuestra respuesta de fe y ser reconciliados y renovados, llevando una vida auténtica de fe en el Señor". Para un católico, el sello de estas manifestaciones y dedicaciones es la celebración eucarística.

En mi mente estaba muy claro lo que significaría una reunión popular para los hispanos y cómo podría organizarse. Proclamaríamos la Buena Nueva como evangelizadores católicos, con la ayuda de música alegre y testimonios. Clamaríamos por una reconciliación con Cristo y después celebraríamos la misa, para así sellar esta consagración con el Cuerpo y Sangre de Jesucristo.

Naturalmente, estábamos entusiasmados de ver que la celebración eucarística nos iba a dar la oportunidad de proclamar la Buena Nueva y de celebrar con gozo los signos vitales de la presencia de Cristo y su poder para sanar y perdonar.

Había un deseo sincero de afirmación y crecimiento en el trabajo de la renovación y la evangelización. Estas reuniones y asambleas públicas nos permitían evangelizarnos como católicos en el corazón de la Iglesia. De estas congregaciones y asambleas públicas también salió una necesidad de formar ministerios de seguimiento.

Uno de los primeros ministerios que promovimos consistió en un curso de evangelización inicial. Tenía como finalidad evangelizar en los aspectos básicos de la fe, mediante la renovación de los sacramentos del Bautismo, la Confirmación y la Eucaristía en un corazón reconciliado.

Un sacerdote misionero

MISIONERO

Aprendimos mucho sobre teología católica con un sacerdote que era Misionero del Espíritu Santo en México. Lo que nos enseñó era irrefutable. De él aprendimos los pasos fundamentales para evangelizar en el corazón de la Iglesia. Este proceso incluía renovar los sacramentos de iniciación.

En el bautismo, por ejemplo, primero hay una llamada a una nueva vida en Jesús, después nos damos cuenta de que el "hombre viejo" ha pasado. Al nacer la nueva persona dentro de nosotros, es transformada en un "embajador para Cristo". En la confirmación recibimos no sólo los dones del Espíritu como lo recibiríamos en la dimensión carismática de poder mover montañas, sino también en cuanto a nuestra llamada fundamental a vivir el apostolado de Jesús por medio de sus virtudes.

Vemos el fruto del Espíritu que es cultivado en nuestras vidas, mientras el poder del bautismo del Espíritu Santo despierta a otros, alrededor nuestro, hacia una nueva vida. De esta unión en el Espíritu, la Eucaristía nos llama a una relación con Jesús y con cada uno de nuestros hermanos en la dimensión de la comunidad de amor, donde una vez más podemos decir: "Sí, somos la Iglesia".

Glenn y yo tratamos de alcanzar la esencia de esta teología en nuestros cursos. Empezamos a promover este nuevo entendimiento, no sólo entre los que asistían al Encuentro Latino, sino también en las parroquias del área de Los Ángeles. También entrenábamos como evangelizadores a las personas que estaban siendo llamadas a este ministerio. Dicho curso de iniciación para ministerios de evangelización ha llegado a miles de latinos en California, otros lugares de los Estados Unidos y varios países de Latinoamérica.

En medio de penalidades y dudas, Glenn y yo nos animábamos al ver el ejemplo de personas como Andrés y Rosario López.

Durante 25 años, Andrés fue un alcohólico que bebía más de un galón de whisky cada dos días. Abusaba de su mujer y sus niños. Tenía la familia entera atrapada en un camino que llegaría al divorcio y a la destrucción. Deseaba cambiar, pero antes de asistir a nuestras reuniones públicas, no podía hacerlo por sí mismo.

Hubo un momento en que Andrés se sintió tan abatido y lleno de culpa que planeó suicidarse en la carretera, cuando intentó estrellar su carro contra un poste telefónico. En el momento exacto que decidió suicidarse, el Señor, a quien él ni siquiera reconocía en su vida, le dijo: "Detente, Andrés. Yo te amo". Dios intervino directamente en su vida para darle a entender quién era Andrés en realidad y la bendición que su familia representaba.

En mi humilde opinión, nuestras reuniones públicas como los encuentros latinos y los cursos de iniciación fueron instrumentos en aquella transformación. Andrés no sólo se convirtió en un estable y amoroso miembro de su familia, también captó la visión de lo que significa vivir los sacramentos del Señor en su propio matrimonio. Muy pronto, él y su esposa empezaron a multiplicar su propia sanación en cientos de otras parejas, por medio de su trabajo de renovación y evangelización personal.

Pero todos estos frutos nos estaban costando caro, no solamente en cuestiones financieras, pues éstas las podíamos ver en blanco y negro y ser capaces de enfrentarnos a ellas. Los costos a los que me refiero eran medidos en angustia humana.

Calcula el *costo*

CALCULAR

Una parábola en la Biblia nos dice que nadie puede edificar una torre sin primero "calcular el costo". De otra manera, la persona llegaría a edificar sólo la mitad de la torre, sin contar con más recursos para terminarla del todo. Con mucha tristeza les tengo que contar que prácticamente esto fue lo que me sucedió.

El pastor Robert Schuller dice que la vida se puede comparar con tiempos de "anidación, de pruebas y de levantarse como las olas". Nosotros ya habíamos hecho nuestro nido y ahora nos tocaba enfrentar tremendas pruebas. Sólo al escribir esto ahora, después de algunos años de haber sucedido y superado devastadoras caídas, puedo decir que hemos avanzado en este desafío.

Varios obispos en Colombia animaron a Glenn para que estudiara en un seminario en Roma. Uno de estos seminarios estaba específicamente diseñado para personas mayores que querían servir en el sacerdocio como diáconos. Los obispos pedirían una excepción al Vaticano para que Glenn fuera asignado como ministro eclesiástico casado y que trabajara en Latinoamérica.

Estoy segura de que si nos hubiéramos sentado en ese momento y, literalmente, hablado de lo que esto nos costaría como dos personas unidas bajo un espíritu matrimonial, quizás no habríamos saltado a esta oportunidad tan de prisa. Pero es difícil poner la culpa en algo diferente a nuestro celo, entusiasmo y amor hacia la iglesia. Quizás habría otros motivos cono el reconocimiento y el entusiasmo por el liderazgo, que también nos estaban afectando.

Viajamos a Roma juntos en 1975 para atender el Congreso Carismático Católico. Fue entonces cuando las puertas se le abrieron a Glenn para ir a estudiar a la Universidad Beta para vocaciones tardías. Ambos estábamos emocionados, pero muy tristes por la separación que sería necesaria.

Con nuestro nuevo entusiasmo de tener reuniones públicas mensualmente, el peso de Carisma en Misiones, que caía sobre mí, estaba siendo cada vez más grande. Hasta ese punto había dependido totalmente de Glenn en las decisiones administrativas.

Yo era una buena secretaria ejecutiva y trabajaba al lado de él continuamente, pero jamás había administrado la oficina directamente. Ambos íbamos a tener que hacer un esfuerzo intenso.

A veces esperábamos demasiado de nuestros hijos. Les contábamos nuestras esperanzas y ambiciones, como si ellos fueran adultos en el ministerio. Pero aun así, ellos sólo podían entender como unos niños que están a un nivel humano. A los 14 años de edad, Marcos declaró valientemente: "Papá, yo haré lo que tú me pidas. Lo haré todo para ayudarte a que seas diácono".

Fácil de decir, pero esta declaración llegó a ser más de lo que Marcos podía entregar.

Kim, de 11 años de edad, era la princesita de su papá, su pequeña muñeca. Ella tenía un fuerte temperamento y nos aseguró: "De una manera u otra nos las arreglaremos". En parte, Kim tenía razón.

Dejé a Glenn en Roma y regresé a nuestro floreciente ministerio. Empecé nuestras reuniones públicas con 250 personas. Muy pronto no cabíamos en el auditorio de la misión de San Gabriel y tuvimos que reunirnos en el Auditorio Shrine en el centro de Los Ángeles. El trabajo aumentaba.

Camino al rechazo

RECHAZO

Después de varios meses, en diciembre de 1976, los niños y yo fuimos a visitar a Glenn. Nos quedamos varios días en el seminario con él y decidimos tomar unas vacaciones juntos.

Esto debía haber sido una gozosa reunión. Pero empecé a sentir que nuestras vidas se estaban separando. Glenn estaba adoptando otra manera de ser y de pensar. Naturalmente, muchas cosas me habían sucedido en Los Ángeles mientras mis nuevas responsabilidades aumentaban como líder de Carisma en Misiones. Quizás él no se sentía muy cómodo con esto. Talvez no estaba seguro acerca de sus propias habilidades e identidad. Acaso estaba expuesto a nuevas ideas y prioridades.

Oía cosas que me molestaban enormemente. Glenn empezaba a expresar sus inquietudes en cuanto a los estudiantes en el seminario, quienes "parecían puros idiotas al caminar por los corredores por las noches, adorando a Dios y gritando '¡Aleluya!'". Glenn se refería a las expresiones externas del movimiento de la Renovación Carismática que en el pasado había tenido tanta importancia para nosotros. Hablaba acerca de la teología moral y de sus intenciones por una vida en el ministerio.

Glenn llevó a Marcos a su cuarto y le enseñó una colección de botellas de licor y una nueva pipa que ahora fumaba.

Me pareció estar pasando por un momento totalmente distinto de nuestro pasado. Era como si Glenn hubiera cerrado las puertas a cualquier tipo de influencia carismática en su nueva manera de pensar. Sentí que esto sólo significaba que me estaba cerrando las puertas a mí también.

Las dudas y las luchas de su pasado influenciaron mucho sus metas para el futuro. Le oí murmurar acerca de experiencias que de joven había tenido en la iglesia y en otras áreas de su vida.

No lo conocía ya más en el Espíritu. Parecía que no teníamos nada en común. Daba la sensación de que las amistades que habíamos desarrollado durante su ausencia, le provocaban celos.

Cuando regresó en el verano de 1977, trató de trabajar en la misión otra vez, pero nada tenía sentido. Donde antes habíamos estado de acuerdo en las doctrinas fundamentales como el pecado y sus consecuencias de culpabilidad, ahora él no estaba convencido de que tanto uno como otro existían.

Nadie lo reconocía. Habíamos experimentado tanto crecimiento que muchos de nuestros compañeros no sabían nada acerca del "esposo de Marilynn en Roma". Y aquellos que sí lo recordaban estaban confundidos por su falta de entusiasmo, debido a lo que ahora le sucedía.

Glenn asistió a algunas de nuestras reuniones públicas, pero parecía que vivía en una confusión total. Lo único que podía hacer era sentarse y observar lo que acontecía. Su corazón ya no estaba allí.

Enviada por el *Señor*

ENVIADA

Durante este tiempo, el trabajo de la nueva misión y las reuniones públicas mensuales eran cada vez más difíciles de administrar por mí y los pocos ayudantes de la oficina. Desesperadamente necesitaba ayuda. "Señor, tú sabes que no puedo hacer esto por mí misma. Por favor, envía a alguien en quien yo pueda confiar".

Dios me contestó esta oración de la manera más bella. Durante una de nuestras recientes visitas a Colombia encontré de nuevo a Esther Garzón.

Esta era la misma jovencita que nos había ayudado tanto en Bogotá, cuando Glenn trabajó por primera vez en la oficina, como superintendente nacional de las iglesias de las Asambleas de Dios.

Sin nosotros saberlo, ella también se había convertido a la fe católica. Glenn y yo le pedimos que nos ayudara en el trabajo de coordinación de Carisma en Misiones en Colombia. Ahora, ella estaba en Los Ángeles conmigo, pasando una larga temporada.

Encontrarla por primera vez como compañera en el trabajo de las Asambleas de Dios en Colombia había sido un gozo. Enterarme de que se había convertido al catolicismo era milagroso. Tenerla ayudándome en Los Ángeles fue como un ángel enviado por Dios. Ahora me preguntaba si ella podía extender el milagro y quedarse para colaborarme, durante estos tiempos tan agitados. Kim la adoraba y yo la necesitaba no como una secretaria, sino como una amiga. Esta tímida niñita había crecido como una fuerte proclamadora de la fe.

Una noche en la que Esther estaba sentada en el sofá conmigo viendo televisión, le hice esta petición que tanto sentía en mi corazón. Sabía de la gran antipatía que ella tenía por los Estados Unidos y de cuánto quería regresar a Colombia. Revisé mis sentimientos para estar segura de que éstos respondían a la voluntad del Señor y no eran sólo mis deseos. Entonces le dije: "Esther, yo creo que Dios quiere que te quedes aquí conmigo".

"Marilynn, no tengo que pensarlo mucho. Anoche el Señor me dijo que debía quedarme aquí".

Afortunadamente, el papeleo burocrático para conseguirle su visa de residencia fue fácil. ¡Qué poco sabía realmente de cuánto iba a necesitar su sostén y apoyo!

Cuando Glenn regresó a Roma para su segundo año de entrenamiento, me quedé dudando de su lealtad a la iglesia, a Carisma en Misiones y a mí como su esposa. No había nada sustancial a lo que yo pudiera apuntar, sólo a mis sentimientos. Desafortunadamente, cuando alguien está lejos, todo lo que le queda a uno son los sentimientos hacia esa persona; pero, cuando esos sentimientos son heridos, la relación también sufre.

Después de su segundo año, Glenn ya estaba listo para su diaconado permanente. Entonces, nos llegaron noticias de Roma de que él "no había sido aceptado para el diaconado por ahora". Esto no era necesariamente un rechazo definitivo, pero él pareció entenderlo como tal.

Glenn regresó a California como un hombre confundido y destruido. Sus esperanzas hacia el sacerdocio y el prestigio inherente a ello habían desaparecido. Al ver que su esposa se destacaba y que su propia "carrera" estaba en las rocas, cayó en una tremenda confusión. Lo único que le quedó fue su disgusto hacia los carismáticos y una tremenda crisis de identidad.

Otro *amor*

Alejado de los brazos de la vida que él añoraba y de una esposa por la que sentía enfado, Glenn saltó a los brazos de la mujer que deseaba.

Conoció a la señorita J. en California, antes de viajar por primera vez a Roma. Ella había sido una religiosa franciscana que había entrado al convento a los 13 años de edad. Por un tiempo se precipitó hacia un sinnúmero de experiencias insípidas. Ahora sentía la llamada a la Renovación Carismática.

Cuando la conocimos, ella estaba luchando por reconstruir su vida. Sentimos lástima por ella y le dimos nuestra amistad.

Mientras Glenn estudiaba en Roma, la señorita J. trabajó para Carisma en Misiones. Una vez que él regresó, los dos cayeron mucho más que en un romance. Parecían estar inmersos en una gran confusión.

"Amigos, somos solamente como san Francisco y la hermana santa Clara", anunció Glenn un día a los asombrados compañeros de la oficina.

Ellos dos creían tener el "derecho" de comulgar con los árboles, pasear por los parques y disfrutar de las flores. Yo estaba absolutamente destrozada.

Un fin de semana le pregunté si quería ir conmigo a una de nuestras reuniones misioneras en Lancaster, California.

"No, gracias, me quedaré aquí", me contestó.

Esther y yo fuimos a la reunión y tuvimos que pasar la noche allá. Lo llamé por teléfono para ver cómo andaba. Glenn no estaba en casa. Cuando llamé a la casa de la comunidad, me dijeron: "No, él anda buscando un apartamento para ella".

Cuando por fin logré comunicarme con él a medianoche, le pregunté directamente: "¿Tienes una relación amorosa con ella?".

"Sí". Luego, me explicó que no podía seguir viviendo una mentira, Él la amaba y quería que yo le diera permiso para continuar su amistad con ella. No dijo una palabra acerca de querer separarse de mí. Simplemente deseaba tenerla a ella también.

Estaba destrozada y llena de frustración. Esther me vio golpear el suelo con mi puño y gritarle a Glenn, a Dios y a la situación en general.

Este tiempo de confusión total duró como seis meses. Nada tenía sentido y todos estábamos sufriendo.

Glenn seguía viviendo conmigo, pero continuaba su relación con ella. Las personas en nuestra oficina los veían ir y venir como algún tipo de irresponsables espíritus libres. Una noche reemplazó sus zapatos por sandalias y declaró otra vez que él era una persona tan sencilla como san Francisco lo había sido. En un minuto, él era un ejecutivo, pero al siguiente no quería usar trajes de negocios para las reuniones importantes en las que tenía que hablar.

Me hería con observaciones despectivas. Se deleitaba en usar cualquier pequeña oportunidad que se le presentaba para lanzarme una piedra verbalmente. Le encantaba llamarme "Kathryn Kuhlman", haciendo burla de la mujer que Dios había usado en el pasado en obras misioneras, y dando a entender una vez más su completo malentendido de lo que estaba aconteciendo en mi vida.

Todo llegó a su límite el 31 de diciembre de 1977. Yo estaba planeando una misa de Año Nuevo en nuestro hogar, pero la tensión en la familia era insoportable. Reuní a las personas de nuestra comunidad y oramos: "Señor, tú sabes que estamos sufriendo. Por favor, resuelve este problema por nosotros. Te damos permiso de que hagas lo necesario y arregles esto. Y, por favor, lo que tengas que hacer, que sea rápido. No podemos aguantar más esta confusión y angustia".

Más tarde, esa noche, Glenn vino a la misa. Le anunció a las personas de la comunidad que dejaría su hogar y todo. No puedo decir que esto fue una sorpresa, pero la tristeza y el dolor de esta herida parecían ser más grandes de lo que yo podía soportar.

Dos semanas más tarde, un domingo por la tarde, (aún recuerdo el día exacto), el 17 de enero de 1978, Glenn regresó para decirles adiós por última vez a sus niños.

"Su papi se va", les comunicó. A Marcos le dijo: "Ahora tú eres responsable de la familia. Tendrás que cuidar de tu mamá y de tu hermana. Me tengo que ir".

Con los ojos llenos de lágrimas, Kim se paró en la puerta y grito: "¿Por qué nos dejas? ¿Por qué tienes que irte?".

¿Qué puede entender una niña de 13 años acerca de promesas rotas e infidelidad? La tomé en mis brazos y la llevé a casa de mi madre.

Esto sucedió el día de Presencia, nuestra reunión pública mensual. No sabía cuánto tiempo podría permanecer firme en un evento público. Los detalles todavía están confusos en mi mente. Pero de alguna manera me preparé y me ubiqué en la parte de atrás del escenario.

Parada detrás de la cortina podía oír a la gente cantando y adorando al Señor. En mis manos estaba el mismo pequeño acordeón que había usado para levantar los espíritus adoloridos de las personas, en el barrio San Francisco años atrás.

"Dios mío, tú sabes que jamás podré enfrentarme a la gente, otra vez. No. No tengo las fuerzas para hacerlo".

Entonces me asaltaron unas silenciosas palabras de ánimo en mis oídos.

"Marilynn, no te olvides que soy el Alfa y la Omega, el Principio y el Fin. Confía en mí. Coge el acordeón. Ve afuera con mi gente y yo cantaré por medio tuyo".

Llené mis pulmones de aire fresco y de inspiración, caminé al escenario y comencé a cantar.

La canción hispana que el Señor puso en mi corazón fue "El gozo del Señor es mi fortaleza". Al empezar a cantar, sentí como si aquella preocupación y confusión se hubieran desatado y salido de mí.

Parecía que todos mis problemas se hubieran hecho migas, esparciéndose por toda la audiencia. Al ayudarnos mutuamente a cargar con nuestros problemas, 1.200 personas pueden sonreírle a algo que podría destruir a un solo individuo.

Esta purificación, por medio de la música, la oración y la comunidad, me confirmó, sin duda alguna, que Dios es absolutamente fiel a sus promesas en la Biblia. Verdaderamente, Él no iba a permitir que tuviera alguna prueba que no fuera capaz de soportar.

Más tarde, esa noche, fui a casa de mi madre a recoger a Kim. En vez de ver a una muñequita destrozada y llena de dudas y tristezas, encontré a una sonriente y entusiasta jovencita. Estaba saltando y gritando. Me enseñó los proyectos que ella y la abuela Roberts habían hecho mientras yo no estaba. Kim vino a casa y nunca jamás mostró externamente signos de su dolor.

No obstante, había una cicatriz en su corazón, porque ella dejó de expresarse de una manera afectuosa y con los abrazos que hasta ese entonces compartíamos. En su determinación, se dijo a sí misma: "Mis otros amigos tienen padres que se han divorciado también y ellos se las arreglan. De alguna forma, yo me las arreglaré también".

Por otra parte, nos unimos aún más. Kim y yo buscamos actividades familiares que hacer y así restaurarnos. Por primera vez descubrimos lo divertido que era salir de campamento. Aquellas noches tranquilas ayudaron a reconstruir nuestra confianza y a sanar nuestras almas.

Mi cuñado John Kramar era el dueño de la casa donde vivíamos. Él nos permitió construir una piscina. Así, tuvimos un lugar seguro donde ahogar nuestro pesar y quemar algo de energía.

Compartimos muchas vacaciones y momentos donde nos ayudábamos juntos a sobreponer aquella situación. Kim y yo siempre recordaremos estos tiempos de campamento, paseos al aire libre y edificación mutua.

Marcos era otra historia

OTRA HISTORIA

Este joven muchacho quien debía haber "cuidado de su mamá y de su hermana" no podía ni siquiera cuidarse a sí mismo.

Marcos era incontrolable. Aunque aún vivía en casa, este desafortunado muchacho de 16 años se encaminaba a destruirse a sí mismo.

Se escapaba de la escuela hasta que finalmente lo expulsaron. Varias veces lo cogieron robando.

Un día Kim llegó de la escuela y nos informó: "Adivina, mamá. Alguien me robó mi flauta de la escuela. De hecho, alguien se robó todos los instrumentos".

Varias semanas más tarde, la policía tocó a nuestra puerta y pidió permiso para verificar algunos reportes que tenían acerca de mi hijo. En el ático de nuestro garaje encontraron todos los instrumentos musicales de la escuela. Marcos fue puesto en libertad condicional por este incidente.

Más tarde, pasó un tiempo en la cárcel por posesión de drogas. A la edad de 19 años se casó con una bella muchacha coreana. Su mamá la había abandonado cuando ella tenía cinco años de edad, así que inmediatamente se apegó a mí como su madre. Yo la quería como si fuera mi propia hija. Ella tenía la misma edad que Kim.

Poco después de su matrimonio, Marcos se fue a servir en la Marina.

Su esposa ya estaba embarazada del primer bebé. Marcos estaba cayendo en un terrible hábito hacia las drogas y el alcohol. Estoy segura de que algunas de esas drogas eran de esas drogas fuertes que afectan la mente. Un día algún tipo de químico se mezcló con vapores de pintura, mientras él estaba en la cubierta del barco. Esto lo sacó de quicio, al punto que necesitaron ocho hombres para controlarlo.

Mientras tanto, su joven esposa vivía feliz conmigo en California, pero esto no duró mucho.

Marcos fue admitido en un hospital de Hawaii y al salir de allí llegó a casa con una derrota digna.

Este pobre marinero estaba personalmente arruinado. No era capaz de conservar trabajo alguno y no podía mantener su matrimonio.

La confusión y el conflicto personal fueron tan intensos que la esposa de Marcos tenía que hacer algo. Yo hice todo lo posible para ayudarla. Hasta llamamos a un sacerdote, íntimo amigo de la familia, para que celebrara una misa especial, pidiéndole al Señor por la bendición y sanación del niño que aún no había nacido.

Un día me llamaron para decirme que a Jin, la esposa de Marcos, la habían llevado al hospital y que probablemente el bebé iba a nacer prematuro. Nosotros sabíamos que un bebé prematuro de seis meses no tiene muchas posibilidades de vida. Los doctores les comunicaron que debido a las tensiones que vivían, el niño nacería prematuro.

Compartí estos tristes momentos con Jin. Ella me confió que quizás tendría que buscar ayuda para salvar la vida del bebé. Más que nada, quería dar a luz y que el bebé naciera en paz.

Tiempos IMPORTANTES imponentes

Estos fueron tiempos complejos y de grandes emociones en mi vida. Dichas crisis quizás hubieran acabado conmigo, de no haber estado bien cimentada en el Señor.

Los días que pasamos en Colombia habían dejado una enorme cantidad de sol y de gozo en mi vida. Era natural que un poco de lluvia tuviera que caer. Cuando los vencemos, los tiempos de prueba nos fortalecen.

Cuando le entregué mi vida al Señor, a la edad de 14 años supe que nunca jamás dejaría de amarle y de servirle. Sin embargo, tengo que confesar que nunca pensé que tendría que pasar por pruebas semejantes.

Con mi corazón roto, todo lo que pude hacer fue humildemente morir a mí misma. Acontecimientos como el ver a Glenn irse con otra mujer y a Marcos incapaz de cumplir como marido y como padre de su hijo por nacer, me enseñaron lo que significa morir.

Algo murió dentro de mí. Aprendí a no confiar en mis propios recursos o fuerzas. Nada bueno existe dentro de mí. Aprendí a vivir, dependiendo totalmente del poder de la Cruz y del Señor.

Antes vivía creyendo que Dios me había dado grandes dones. Como resultado, nunca logré depender totalmente de Él. Cuando uno se da cuenta de la necesidad de entregarse a Él, la vida le cambia por completo.

Ahora puedo entender la perspectiva de la Cruz del Señor, y de la cruz de su dolorosa Madre, María. Cualquiera puede comprender por qué María cantó en el momento de la Anunciación, proclamando el milagroso nacimiento del Salvador. Pero sólo aquellos, que han sido puestos a prueba por el Señor pueden comprender de qué manera ella podía cantar "Mi alma glorifica al Señor", a los pies de la cruz. Esta santa mujer sabía quién era y por qué existía. De esta certeza salía la fuerza y la aceptación que la ayudaron a superar la muerte de Jesús, el único hijo de Dios.

Creencias firmes como éstas me permitieron formular las medicinas que curarían mi alma y darían paso a una reconciliación duradera.

6

Reconciliación

Mis problemas estaban llegando para quedarse. Pero eso no quería decir que yo no pudiera superarlos.

Cuatro o cinco años después de que los problemas serios con las drogas de Marcos comenzaron, finalmente desperté al concepto de codependencia.

Cuando Marcos tenía como 23 años empecé a asistir a las reuniones de Alanon.

Estas reuniones son diseñadas por la misma gente que creó Alcohólicos Anónimos. Alanon está dirigido a los miembros de la familia de un adicto. Allí empecé a descubrir mi propio sufrimiento y enfermedad. Mientras más pudiera superar esto, mejor podría ayudar a Marcos.

Alanon me enseñó lo que significa ser codependiente.

Es difícil para alguien que viene de una familia ministerial aceptar que Jesús no resuelve todos los problemas con sólo pasar su mano. Él tiene las respuestas, pero a menudo olvidamos que tiene la intención de que nosotros trabajemos en los detalles.

Alanon me enseñó que si alguien en tu casa tiene un problema de alcoholismo, probablemente tú también estás enfermo. Yo estaba envuelta en la enfermedad de Marcos.

Pensaba que el señorío de Jesucristo y el poder de su Presencia entre nosotros nos podía sacar de cualquier enfermedad o problema que apareciera. Sentía que era relativamente fácil de hacer. Sin embargo, lo que no me daba cuenta era que Cristo no siempre está ansioso de sacarnos de un problema que nosotros no queremos admitir que tenemos.

Ahora, debido a mi divorcio y los problemas familiares, estaba empezando a reconocer que yo no era tan poderosa como me creía. Al formar parte del alcoholismo en la vida de Marcos, yo estaba tan enferma como él. Tenía que hacer algo para salvarme y así romper el ciclo de dependencia.

Pero como madre que triunfaba con su hijo y como líder de una organización que sustentaba a muchos, yo también necesitaba ser sustentada. Empecé a darme cuenta de la necesidad que tenía de que alguien me ayudara.

Esther me animó a asistir a las reuniones de Alanon. Ella y yo fuimos a escuchar. Familiares relataban los errores que habían cometido con las personas que abusaban del alcohol o tenían espíritus de adicción. Lo que oímos nos sonaba familiar.

Estas esposas y madres sacaban a sus hijos de apuro cada vez que necesitaban dinero. Ellas los aceptaban y recibían sin importar cuan duro era el abuso verbal por el que pasaban. Simplemente aceptaban el hecho de que este miembro de la familia tenía el derecho de abusar de ellas y de la familia, a raíz de su alcoholismo. Nadie tenía autoridad sobre la situación. ¡Pobrecitos!

¡Pobrecitos nosotros! Aquí había una letanía de todas las formas en que yo continuaba dejando que esta terrible enfermedad, siguiera en mi familia. Inmediatamente me identifiqué con el problema y quise ayudar a corregir las cosas.

No tuve que asistir a estas reuniones muy a menudo, porque sólo tardaron varias semanas para que yo empezara a entender el hecho de que tenía que ponerle el cascabel al gato. Debía hacerme cargo de la situación.

Esta fue la misma conclusión a la que llegué para proteger a Carisma en Misiones de los problemas que habíamos vivido. En ese entonces, le pedimos al Señor que se encargara y resolviera todos los asuntos. Ahora, yo iba a tener que hacerlo con Marcos, aunque ello significara que quizás no me hablara nunca más. Todo lo que importaba era que yo, personalmente, siguiera adelante y cambiara mi actitud hacia dichos problemas.

El programa de Alanon lo libera a uno de los sentimientos de culpa. Los instintos naturales de una madre son salvar a su hijo. Los que abusan de sustancias saben exactamente cómo jugar con estos sentimientos, para salirse con la suya.

Así que yo necesitaba "permiso" para negarle a Marcos las cosas que le hacían daño. No más prestamos. No más carros. Él casi acabó con el carro de la Misión. No más lástima al pensar que estaba solo con estos problemas, sin tener a un padre que lo ayudara. Vine a darme cuenta de que cada uno de nosotros tiene voluntad propia.

Muchas madres me dicen: "Yo me puedo relacionar con usted porque mi hijo es un alcohólico". Algunas veces empiezan a llorar o me comentan: "Por favor, ayúdeme. Ore por mi hijo alcohólico, porque él vive aún en nuestra casa y está desbaratando nuestra vida. Ore para que él sea sanado".

Yo quiero gritar: "¡Despiértate! Despiértate y reconoce que tu hijo tiene el poder de desear vivir en esta enfermedad, o puede tomar la decisión definitiva de pedir ayuda humildemente. Pero tú también tienes que tomar esa decisión.

No puedes permitir que tu propia vida se enrede más y más en la enfermedad de tu ser querido. Tienes que despertar al hecho de que no es tan fácil como decir: 'Ore por él', porque primero tienes que reconocer la enfermedad en ti misma".

La sabiduría que gané obtuve en Alanon estaba plenamente en relación con mi entendimiento del Evangelio. El programa tiene 12 pasos que vivir. El primero es uno de los más importantes. Todo el mundo tiene que reconocer que puede hacer algo para cambiar la situación. Sólo un poder mayor, el poder de Dios, es capaz de sanarlo de su enfermedad. Pero, el primer paso tiene que ser el de reconocer humildemente que el enfermo no se puede sanar por sí mismo.

Esa es la experiencia del Evangelio. Predicamos salvación basada en el hecho de que todos hemos pecado y por eso estamos separados de la vida de Dios. Al reconocer la situación, hay que buscar con humildad la reconciliación mediante la confesión de nuestros pecados. Dios es fiel y justo en perdonarnos y limpiarnos de todo pecado. Pero el primer paso es el de reconocer que nosotros mismos no podemos hacer algo acerca de nuestros problemas, pues necesitamos ayuda.

Durante estos años, Kim permaneció muy ocupada con su escuela y su trabajo. Ella y yo nos acercamos más la una a la otra. Con el pasar del tiempo, empezó a compenetrarse más y más conmigo y a hablarme honestamente acerca de sus sentimientos. Ella también estaba triste por los problemas de su hermano, pero estoy segura de que se encerraba en su propio mundo, tratando de escapar de la dura realidad de lo que estaba pasando.

Kim ya no aguantó más

NO AGUANTÓ MÁS

En una de las ocasiones de mayor crisis, Marcos usó cocaína por 17 días seguidos. Se estaba destruyendo. Era un físico esqueleto. A menudo llegaba a casa y llenaba el aire con blasfemias, atacándome verbalmente con su ira y hostilidad incontrolables. Un día, mientras él me insultaba lleno de ira, su hermana, Kim, llegó a la casa.

Recientemente, ella había tenido una charla muy sincera con Esther y esto la motivó a actuar de una manera no muy típica hacia su hermano mayor.

"Sabes, tengo algo que decirte y no me lo vas a creer. Pero no puedes decírselo a mi mamá. Siempre he querido decírtelo...".

Kim continuó su relato y le dijo a Esther que ella había usado drogas en un tiempo. Ella no era una adicta, pero había estado consumiendo drogas, sin que su mamá se enterara.

"Pensé que me iba a morir", le relató a Esther "y desde ese día en adelante paré de tomar drogas. Jamás quise acercarme a ellas otra vez".

"Vas a tener que decírselo a tu mamá", le aconsejó Esther. "Tú sabes, a tu mamá no le sorprende nada. Debes decírselo".

Afortunadamente, el Señor estaba tocando el corazón de Kim y se encontraba muy cerca de su propia conversión. Ella decidió hablar conmigo varias semanas antes del encuentro con Marcos, y decirme de sus pasadas experiencias con drogas. Me alegró que lo hubiera hecho, pues esta confesión le dio el valor que necesitaba para enfrentarse a su hermano.

Mientras Marcos demostraba mucha ira y odio hacia mí, su hermana valientemente se metió entre él y yo, en medio de la pelea. Entendamos bien esto, Kim era la hermanita que nunca antes se había enfrentado a Marcos de manera alguna.

"Marcos, jamás en esta casa le vas a hablar a tu madre de esa forma. Que Dios sea mi testigo. Ambos hemos y estamos pasando por las mismas experiencias. Hemos compartido nuestras vidas. Tenemos los mismos padres. Hemos sido heridos y criados en la misma casa. Yo sé que estás sufriendo, pero te quiero decir que nunca jamás vas a volver a hablarle así a mi madre en esta casa".

Su convicción y sinceridad detuvieron a Marcos por un momento... pero sólo por un momento.

Pocas veces en su vida he visto a Marcos tocar a alguien físicamente. Ésta fue una de las más memorables.

Cogió a su hermana por el cuello y la tiró contra la pared. Antes de que yo pudiera reaccionar y empujarlo a un lado, Kim lo empujó hacía atrás con una fuerza increíble y fuertemente proclamó: "Me puedes matar si quieres, pero antes de que me toques otra vez, tengo algo que decirte. ¿Te sientas un momento y me escuchas?".

Para sorpresa mía, él se sentó y le prestó toda su atención. Kim, ahí mismo, le contó a Marcos el testimonio de su vida. Ella le hizo un relato acerca de sus años creciendo juntos, de nuestra vida misionera y de todas las experiencias de la familia; nuestros dolores y tristezas y también las alegrías.

"Tu única esperanza es que busques ayuda. Tienes que morir a ti mismo antes de que mueras por ti mismo. No puedes hacerlo solo. ¡Mírate! Te estás matando tú mismo. No te quedan muchos días de vida. Por favor, escúchame y dime que vas a buscar ayuda".

La mente de Marcos estaba electrizada con cocaína esa tarde, pero de algún modo el mensaje de Kim caló en su mente y en su corazón. De repente empezó a llorar.

"Por favor, hermana, ayúdame".

Kim cogió el teléfono y en una hora tuvo los papeles del seguro arreglados. Esa misma tarde, Marcos se fue a Long Beach para someterse a un programa de ayuda.

Esta experiencia hizo que nuestra familia se uniera y empezara a tratar nuestra codependencia con estos horribles problemas.

Esta renovada y motivada Kim me recordó la profecía que mi mamá anunció la noche antes de irnos a Colombia: "Tendrás muchas hijas en Israel". Kim es sólo una hija más en la iglesia. Pero ella es una prueba viviente de las miles de nuevas Esther que Dios está llamando, por medio de Carisma en Misiones.

Todos los creyentes en Dios son llamados a ser hijos en su familia, ya que adoptan la forma especial de niños con capacidad para darle nueva vida al mundo. Me veo guiando un ministerio que lleva muchas hijas a la iglesia, quienes a su vez engendran nuevos hijos para el Padre de todos nosotros. Esa profecía de años atrás, sólo ahora empieza a manifestarse por medio de mi llamada. Es un fruto que durará toda la eternidad.

Juntos adelante

ADELANTE

Nosotros cuatro, incluyendo a Glenn, nos reuníamos regularmente para aprender y luchar juntos durante el tiempo en que Marcos permaneció en el programa de tratamiento.

Una noche nos vimos para hablar acerca de nuestros sentimientos hacia los demás miembros de la familia.

Marcos comenzó a gritarle a su papá: "¡Te odio! ¡Te odio! ¡Te odio!". Se lo repetía una y otra vez. Esto duró lo suficiente como para alarmarnos. De pronto, Marcos comenzó a llorar. Pasó algo dentro de él porque cuando terminó de llorar, cogió la mano de Glenn y le dijo: "Papá, te tengo que decir algo: ¡Te quiero! ¡Te quiero! ¡Te quiero!".

Esto tuvo un profundo efecto en Glenn. Él se quebrantó en lágrimas y por primera vez en años nos abrazó. Todos llorábamos. Creo que el cuarto donde estábamos se movía. Glenn nos abrazaba y no nos soltaba. Desde ese día empezamos a trabajar como familia todas las semanas con Marcos.

Durante la Navidad de 1987, por fin tuve el valor de invitar a Glenn y a su nueva esposa, a que vinieran a comer en casa. Para mi gran sorpresa pasamos un feliz día de fiesta juntos. Esto derribó otras muchas barreras.

Kim le pidió a su papá que la ayudara durante el próximo Encuentro Latino y el aceptó.

Antes de una de las reuniones con la comunidad, él estaba conmigo en uno de los cuartos conversando. Entonces, sin previo aviso, se acercó a mí, me abrazó y me dijo: "Te quiero, siempre te querré. Eres una gran dama". Esto me llenó de un profundo sentimiento de satisfacción y alegría.

Caminó conmigo hacia la plataforma, me abrazó de nuevo y me dijo: "Estoy tan orgulloso de ti. Gracias a Dios que tú has sido fiel". Me dio un beso de despedida y se fue.

Mi vida ha vuelto a la plenitud. Una de las inesperadas ocasiones de libertad, se dio el día de la anulación oficial del matrimonio por la Iglesia católica. Esto confirmó aún más que la vocación que Dios siempre había depositado en mí sería ahora desarrollada en una forma más amplia.

Siempre había dicho que el diploma de Glenn representaba el mío también. Reconocimos que nuestra mayor recompensa en la vida es la Presencia del Señor mismo. Esta realidad fue confirmada en mayo de 1987, cuando la Universidad Franciscana de Steubenville, Ohio, me honró dándome un doctorado Honoris Causa en Humanidades, por los muchos años que había trabajado en el ministerio con el pueblo hispano. En esa ocasión, el Señor me hizo comprender que Él siempre confirma su llamada en nuestras vidas.

Como familia estamos reconciliados. Como madre, estoy en paz. Mi hija se siente útil y contenta, ya felizmente casada con George. Tienen dos bellos hijos: Joshua y Nathaniel. Su esposo es un valioso miembro de Carisma en Misiones. Glenn, estoy segura, está tranquilo. Marcos sigue progresando contra su propia turbulencia interna. Hasta su esposa de años atrás, Jin, se graduó de la universidad. Sean, mi nieto, nunca supo de los duros tiempos antes del divorcio de sus padres. Todos hemos logrado un tipo de relación del uno para con el otro, que nos está llevando hacia una vida más grata.

¿Regresar a las Asambleas de Dios?

ASAMBLEA DE DIOS

La gente me pregunta si yo volvería a las Asambleas de Dios. Lo que realmente debe llenar nuestro ser es "estar en el corazón, en la voluntad del Señor Jesús". Ahora sé lo que es vivir en el corazón de la Iglesia y puedo servir a mis hermanos con un corazón ecuménico. No tengo nada que perder, pero no tengo deseo alguno de regresar al pasado.

> *"Olvidando lo que dejé atrás, me lanzo hacia delante y corro hacia la meta, con miras al premio para el cual Dios nos llamó...".*
>
> Fil 3,14

Mis experiencias pasadas con las Asambleas de Dios me ayudaron a preparar para el presente trabajo en la evangelización. Las habilidades de cómo diseñar programas, la espiritualidad de la vida en el Espíritu, el celo por Cristo, el entusiasmo por misiones mundiales y el amor a la proclamación de la Escritura, fueron dones que recibí cuando aún era niña. Recibí el don de poder vivir por fe, de vivir una relación con Jesucristo y su cuerpo.

Además de todos estos maravillosos dones, ahora he descubierto algo más. Por medio de la vida y participación en la Iglesia católica, el Espíritu Santo me ha llevado a un nivel más alto en la plenitud de su verdad. No creo que ninguno de nosotros actualmente viva la plenitud de todo lo que Dios tiene preparado para quienes le aman.

Pero no podemos empezar a descubrir lo que Dios ha preparado para nosotros, sin antes abrir el obsequio. La belleza que experimenté dentro de las iglesias de las Asambleas de Dios no era todo lo que Dios había preparado para mí. Había mucho más por vivir y descubrir.

Gracias a estos regalos de plenitud, estoy preparada hoy día para dar un paso adelante y avanzar en el trabajo que Dios me ha asignado.

7

U N F U T U R O

UN FUTURO *prometedor*

Cuidadosamente y con un corazón agradecido, observo la reconciliación que se ha dado en mi familia. Me maravillo al ver lo que Dios está haciendo por medio de mi vida quebrantada y entregada a Él, a mi familia y al ministerio de Carisma en Misiones.

Un día caminaba por nuestro centro de La Porciúncula. Éste es el centro más grande de servicios en los Estados

Unidos para el trabajo de la evangelización católica y los servicios de la Renovación Carismática. No sólo es el más espacioso, también es el que tiene un presupuesto mayor. Dios trabaja a través de los más pequeños y débiles, para confundir la sabiduría de los grandes.

El centro ha sido comprado y pagado por los emigrantes de habla hispana que participan en la vida de los ministerios de Carisma en Misiones. Esto era un sueño imposible que se ha hecho realidad. Es un lugar propio con oficinas, en las que hay más de 30 empleados que trabajan para las operaciones de Carisma en Misiones por el mundo entero. Es un sitio donde más de 2.000 personas de habla hispana vienen semanalmente para ser entrenadas y enviadas al trabajo de evangelización y renovación.

No dejo de pensar en las más de 10.000 personas que reciben de los ministerios de evangelización mensualmente, gracias a la familia de Carisma en Misiones. No dejo de pensar en las misiones, campañas, reuniones públicas, cursos y talleres que son ofrecidos por los ministerios para adultos y familias. Ministerios de jóvenes y de niños también están funcionando.

Pienso en los dramas que se están escribiendo y dirigiendo para ser actuados, con música escrita y profesionalmente grabada por miembros de Carisma en Misiones, los ministerios litúrgicos y los equipos de oración e intercesión que sirven a las necesidades de la gente.

Pienso en las miles de cintas magnetofónicas, libros, publicaciones y videos que han sido distribuidos desde nuestras oficinas. Hay más de 1.000 voluntarios que ayudan fielmente en los cientos de eventos de evangelización que anualmente ofrece Carisma en Misiones.

Como consejera general, alabo a Dios por darme el privilegio de servir a los grupos de oración de habla hispana. Solamente en la Arquidiócesis de Los Ángeles hay más de 200 grupos. He visto que los grupos crecen, viven y sirven al movimiento de la Renovación por todas sus parroquias.

Veo la escenografía que usamos para el programa de media hora, que se transmite semanalmente en la mayor estación de televisión de habla hispana en Los Ángeles. Este programa, valientemente, ha proclamado el poder de Jesús como Señor y ha usado a muchas personas muy calificadas para compartir la Palabra. Dios nos ha permitido mantenernos como el programa número uno de los domingos por la mañana, durante muchos meses, y ya se ha extendido a otras ciudades de los Estados Unidos y a otros países.

Pienso en el Encuentro Latino anual y en las 16.000 personas, o más, que estarán viajando de todas partes de los Estados Unidos y América Latina para participar en la convención. Más de 100 sacerdotes atenderán el retiro especial de dos días antes de la convención. El Instituto de Proclamadores será ofrecido al terminar la convención. Éste es un instituto para entrenar al pueblo en cuanto a los recursos para la evangelización católica.

Con gran agradecimiento veo las caras de más de 50 jóvenes evangelistas quienes están en formación constante en el trabajo de predicación como hombres y mujeres laicos en la Iglesia católica. Observo el gozo en las caras de muchos estudiantes de seminarios, que han sentido la llamada al sacerdocio por medio de los ministerios de Carisma en Misiones.

Veo a los niñitos que han nacido en hogares destruidos, de padres que emigraron y trataron de sobrevivir en los Estados Unidos. También contemplo a estos mismos niños coger el micrófono para cantar y conducir el coro, mientras la gente adora y glorifica a Dios.

Veo a los padres, que han abusado de sus niños, que han vivido en el alcoholismo, la brujería y las enfermedades, venir adelante y tomar el liderazgo como algunos de los 40 coordinadores de ministerios de la sociedad de Carisma en Misiones, al igual que del ministerio de grupos de oración.

Encuentro jóvenes que guían a los demás en reuniones públicas y misiones evangelizadoras. Es para mí la mayor dicha de mi vida ver que han superado tanto sus habilidades, que ahora trabajan con más de 5.000 jóvenes para el Encuentro Latino anual de jóvenes.

Podría continuar con mi lista, pero ahora quiero decir que seguiremos extendiéndonos en todo lo que hagamos, locales más grandes, mayor habilidad para predicar y enseñar. Proclamaremos la Palabra de Dios por medio de la radio, la televisión y todos los otros medios de comunicación posibles. Crearemos un nuevo sonido y los libros se multiplicarán. Los Ministerios de la Renovación

Carismática en las parroquias darán vida y esperanza a nuestras iglesias.

> *"El ojo no ha visto, el oído no ha oído, a nadie se le ocurrió pensar lo que Dios ha preparado para los que lo aman" .*
>
> *1 Co 2,9*

Considerando el trabajo de Carisma en Misiones hoy en día, sé que yo no hubiera podido pastorear a estas personas si no hubiera sufrido mi corazón. Probablemente, me hubiera visto siempre por encima de tales dolores. Aunque me acerqué a aquellos que estaban siendo destrozados por la vida que llevaban, cuando trabajé en San Francisco, Colombia, y en las calles de Los Ángeles. No tuve miedo de sus condiciones, pero jamás comprendí lo que significaba estar verdaderamente deshecha hasta que aquellos días negros en mi relación con Glenn, Marcos, Kim y yo misma llegaron a mi vida.

> *"Al atardecer nos visita el llanto, y por la mañana la alegría" .*
>
> *Sal 30,6*

Si tú vives en la vida del Espíritu y confías en la persona y virtud de Cristo, siempre tendrás paz al final de todo. Camina día a día en el gozo, en el dolor y en la gloria.

"Cariño", me decía siempre mi mamá, "mientras tengas esperanzas, tus ojos siempre estarán abiertos". El Señor siempre inclinará su corazón para que sepas cómo continuar buscando la paz y el gozo total.

Eso no significa que, de la misma manera como vivía antes, voy a vivir en el futuro, pues después de nuestros fracasos, Dios raramente nos pone otra vez en la situación en la cual estábamos antes. Dios trabaja en líneas torcidas. No sabemos en dónde van a parar las cosas, pero sí debemos estar seguros de que mientras mantengamos nuestros ojos abiertos y continuemos viviendo en Su corazón, Él pondrá todo a descansar.

INTERCAMBIOS *Intercambios*

Si me preguntas que comparta algunos de mis sueños, uno de ellos sería ver a nuestros creyentes católicos mirar a sus hermanos en Cristo, que pertenecen a otras denominaciones, con los ojos de Jesús y descubrir sus dones y su participación en el cuerpo de Cristo.

Creo que podemos ver siempre a las personas de dos maneras: como potencia o como problema. Debido a nuestros prejuicios o quizás por experiencias negativas en nuestro pasado, tendemos a juzgar a todos bajo un mismo patrón, lo cual significa para mí paralizar el cuerpo de Cristo.

Debemos comprender los dones de otros para poder apreciarlos y respetarlos. Esto nos ayudará a ver qué está haciendo Dios en la vida de otros y cómo se relaciona esto con nuestras experiencias dentro de la Iglesia católica.

Estoy a favor de un honesto intercambio entre denominaciones, pero un intercambio con entendimiento. Me pongo un poco nerviosa cuando oigo a personas que dicen: "Bueno, vamos a asistir a una de sus reuniones públicas y luego iremos a su iglesia". Alguien puede ir a una reunión y sentir muchas cosas: belleza, amor y compañerismo en áreas que quizás faltan en su propia vida. Entonces, la persona reflexiona: "¡Óyeme! Esta iglesia es mucho mejor que la mía porque la reunión pública me hizo sentir muy bien. Como cantan, la manera de orar, la forma como se relaciona el uno con el otro, la enseñanza que le dan a sus niños. ¡De lo que me estoy perdiendo en mi propia iglesia!".

Creo que los católicos deben examinar los dones dentro de su propia casa y evangelizarse ellos mismos, para así entender la belleza única de sus propios valores, y ser renovados en su propia iglesia. Entonces, cuando vayan en busca de unidad con hermanos que no son católicos, irán seguros de sí mismos. De esta manera empezamos a descubrir no sólo los dones en la vida de nuestros hermanos, también los dones en nuestras vidas.

El asunto va más allá de asistir a servicios en otras iglesias. Implica ser transparentes con los hermanos de otras denominaciones, no verlos como amenazas, sino como lecciones y bendiciones.

Creo que los protestantes van a tener que correr el riesgo de aceptar el hecho de que sus hermanos católicos son parte del cuerpo de Cristo. Ellos necesitan escuchar y estar dispuestos a aceptar los dones y la belleza que nosotros, los católicos, traemos. Es posible que los protestantes desarrollen amistades personales con católicos, así como yo lo hice en Colombia. Todos fuimos formados para vivir una vida de fe. Esto puede ser agradable y productivo para ambas partes.

Imagínate un retiro de católicos y protestantes que quisieran evangelizar juntos. No sólo los católicos se pueden dirigir a los protestantes, diciéndoles: "Somos uno en Jesús, vamos a contarle a la gente que amamos a Jesús". Los hermanos protestantes también tienen que estar dispuestos a aceptar el hecho de que los creyentes católicos llegaron a dicho entendimiento en primer lugar. La historia es mucho más distinta de lo que ellos esperaban oír. Ambos grupos se sorprenderían al aprender que la fe viene de escuchar y de la manera como nosotros, los católicos, continua y personalmente hemos oído y recibido la Palabra de Dios.

Juntos, recientemente, examinamos en un retiro la posibilidad de que católicos y protestantes compartamos nuestros propios dones, que nos han llevado a la realidad de nuestra relación con Jesús.

Fue interesante escuchar a las mujeres protestantes contar que ellas sentían que el don de la fe lo habían recibido por medio de los programas en sus iglesias. Ellas habían memorizado las Escrituras, entonado cánticos y disfrutado personalmente de todo tipo de programas en sus iglesias.

Del otro lado, las mujeres católicas comentaron que recibieron la fe, por medio del rezo del rosario al lado de sus abuelas; al descubrir la vida de fe por medio de su primera comunión, o quizás en diversas experiencias a lo largo de la vida.

La manera por la cual un católico llega al corazón de Jesús puede diferir de la forma como un protestante llega. Pero la vida en Jesús es la misma. Tenemos que estar dispuestos a ir más allá de nuestros prejuicios y descubrir lo que cada una de estas experiencias significan para cada uno de nosotros.

Superando los *prejuicios*

PREJUICIOS

Algunos creyentes son prisioneros detrás de ciertas barreras de prejuicios. Es triste ver que hasta la simple mención de la palabra "María" lleva a los protestantes a ponerse a la defensiva.

No creo que podamos fomentar la armonía, proclamando una doctrina, creencia y teología particular. Básicamente, considero que la relación empieza en un nivel de amistad. Un amigo no es un amigo si no está dispuesto a escuchar y a recibir honestamente el corazón del otro.

Algunas personas tienen ideas preconcebidas acerca del interés que se presenta al hacer estos intercambios entre denominaciones. Pero el asunto no funciona así. Todo tiene que ser natural. De repente descubres que Jesús es el centro de la relación, llenándola de alegría, gozo y paz. De ahí en adelante puedes, entonces, compartir el testimonio de tu vida en Cristo con tu amigo.

Las personas anhelan saber dónde has estado, de dónde vienes, cómo encontraste una nueva vida en Cristo y hacia dónde te está llevando ahora dicho compromiso. Sin pena alguna, puedes compartir esto con los demás.

Los católicos, a veces, tienen miedo de hacerlo porque presumen que los protestantes saben cómo presentar sus testimonios mucho mejor. Pero más que un testimonio hablado, es necesario compartir nuestra vida en Cristo. Y cuando tú empiezas a compartir tu vida con otros, estás más cerca de intercambiar los verdaderos Gozos, Tristezas y Glorias de Jesús.

Reflexiones personales

¿Estás seguro de los fundamentos de tu creencia?

No es bueno considerar que la iglesia de tus padres será la de tus hijos. Tampoco puedes asumir que la iglesia de tus padres será la de tus hijos. Tampoco puedes asumir que la iglesia de tus padres será, únicamente por medio del bautismo, el camino para lograr la salvación.

Hoy en día, Dios está haciendo cosas poderosas tanto en las vidas de católicos como de protestantes. ¿Estás preparado para pararte al frente de un protestante, renovado, entusiasmado y hondamente convertido y compartirle a este creyente el don de tu propia fe? O, ¿has dejado que tus dones espirituales se apaguen?

La vida está tan llena de tentaciones sexuales y de violencia como para que busquemos albergue en una religión hecha de papel.

La fachada quizás se vea bien, pero la estructura no aguanta nada. Necesitamos fundamentos sólidos de fe, murallas de acciones, techos de convicciones donde albergarnos. Estas casas no deben ser edificadas con rituales vacíos o religiosidad. Deben ser construidas a partir de una renovación de su vida y de un sincero caminar en el poder del amor de Cristo.

Como tu peor enemigo, Satanás es extremadamente engañoso. Él te puede hacer creer que una forma tibia de espiritualidad es todo lo que necesitas para sobrevivir. Entonces, vas a estar a la deriva de cualquier otro que se aparezca proclamando los gozos de estar sin Dios.

Siento que soy un testimonio vivo del poder de la misericordia de Dios para restaurar y renovar. Como misionera en las Asambleas de Dios, caminé dentro de un convento carmelita en Cartagena para "convertir" a las religiosas. Pero no había contado con la enorme fortaleza de sus dones, frente a la debilidad de los míos.

El padre O'Callaghan se atrevió a poner el "pastel entero" al lado del "Evangelio completo". Cientos de parroquianos en América Latina y al sur de California reavivan el fuego de la renovación con su amor por el Espíritu Santo. Estos humildes creyentes me atrajeron hacia la Iglesia católica.

Verdaderamente, sin la fortaleza que recibo de las promesas de Dios, no hubiera podido soportar vivir sin Glenn o resistir el dolor de la dependencia química de mi propio hijo o sostener el peso de este ministerio. ¿Qué tanto estás dispuesto a soportar, sin esta Roca y Fortaleza en tu vida?

En las páginas de este libro, he tratado de quitar la máscara de la vanidad y compartir contigo la verdadera Marilynn Kramar. Espero que tú hagas lo mismo.

Mi Dios es capaz de salvarte de la ruina de tu vida. Si permites que Él lo haga, ¡te llegará gozo en la mañana!

EPÍLOGO

L O S T E S O R O S

LOS TESOROS de la *fe*

La historia de mi vida continúa centrada en Cristo y su misión en este mundo. El Señor me ha ofrecido que le sirva por medio de la fe católica. Mientras más medito en ella, más me doy cuenta de que está llena de tesoros que el Señor ha puesto a nuestra disposición. Como creyentes católicos, debemos buscar y apropiarnos de esta gracia en nuestras vidas.

En este epílogo, al concluir el libro, quisiera compartir contigo el tesoro que personalmente he encontrado en el corazón de la Iglesia y cuánto me ha ayudado en mi vida personal.

Perder al mismo tiempo a mi esposo y compañero espiritual de trabajo, fue un golpe devastador. Sabía que necesitaba ayuda y, afortunadamente, supe dónde buscarla. No sé qué habría hecho si no hubiera sido creyente.

JERARQUÍA

Jerarquía

La jerarquía es una gran fuerza en la Iglesia. Algunas personas tienen miedo de abrir esta puerta. No quieren enfrentarse con las personas de autoridad, por miedo a que les digan lo que tienen que hacer. En mi caso, he descubierto que, en vez de limitarnos, la jerarquía está allí para liberarnos.

Quizás mi perspectiva sea diferente a la de la mayoría de la gente, porque tuve posiciones de liderazgo en las Asambleas de Dios. Al criarme en el hogar de un pastor, era fácil acercarme a las personas que ejercían el liderazgo en la Iglesia, ya fueran protestantes o católicos.

Pero la dirección y protección de la Iglesia es uno de sus más grandes dones. Aquellos que, temerosos, se alejan de este aspecto de la Iglesia se niegan a ellos mismos una tremenda fuente de fortaleza.

Hallo gran consuelo en las promesas de los documentos del Concilio Vaticano II. En la Constitución Lumen Gentium, (constitución dogmática de la Iglesia) dice lo siguiente con respecto a los misterios de la Iglesia: "El Espíritu Santo guía a la Iglesia hacia toda la verdad y la une en su comunión en los trabajos del ministerio. Él confiere en ella dones jerárquicos y carismáticos".

Al saber que soy el cuerpo de la Iglesia y por eso soy carisma y espíritu manifestado en gracia y estructura corporal, debo también reconocer el don de la jerarquía para mí. Si hubiera un cuerpo sin movimiento, estaría muerto. Pero si hay movimiento sin cuerpo, entonces, se produce el caos.

Inmediatamente después de que Glenn salió de la comunidad, pedí una cita con el cardenal

Manning. Le llevé todo lo que se relacionaba con la misión, la constitución, los estatutos, los documentos de contabilidad, todo, y lo puse a sus pies. Estaba decidida a entregarle todo a Dios para hallar discernimiento y dirección. Esto no lo hice por sentirme obligada, sino por un puro deseo de estar segura de que era Dios el que estaba encargado de mi vida. Necesitaba su afirmación.

Cuando terminé de desahogarme, el cardenal me tomó de la mano y me dijo: "Muchacha, no puedes darte por vencida. Tienes que prometerme que vas a seguir adelante. ¿No ves cómo la gracia de la Iglesia está cayendo sobre ti?".

"Cardenal Manning, no puedo hacerlo sola, necesito protección. No puedo aguantar sola el peso de esta misión".

"No te preocupes", me aseguró. "Dentro de dos semanas tendré una respuesta para ti".

Eso fue todo lo que me dijo. Era todo lo que tenía que decir. Así que me fui.

Dos semanas más tarde recibí una carta asignándome a monseñor Donald Montrose, de la Parroquia de la Resurrección en Los Ángeles, ahora Obispo de Stockton, California. Un torrente de pensamientos agradecidos pasaron por mi mente. Donald Montrose, un pastor bilingüe. Un maravilloso amigo y pastor que en el pasado había sido director de educación del Departamento de Educación de la arquidiócesis. Él había sido una inspiración para mí en la Renovación. Ahora había sido asignado como un protector que sabía que tenía que ayudarme a superar lo que estaba sucediendo. He aquí una de las mejores fuentes de ánimo que yo pude haber recibido.

La puerta de su oficina siempre estuvo abierta para mí, pero él raramente quería aconsejarme en la oficina. A menudo me decía: "Marilynn, vamos a desayunar". Durante aquel tiempo comimos gran cantidad de huevos rancheros en un pequeño restaurante mexicano, cerca de su oficina parroquial. Eso era muy típico de sus deseos de fomentar mis sueños y ambiciones para Carisma en Misiones.

Monseñor Montrose era un gran escucha. Él era un estadounidense que había dedicado su vida entera a servir a las pobres y sencillas personas de América Latina. Su apoyo era sencillo, pero siempre estaba a mi disposición para guiarme y darme la protección que necesitaba y así mantener vivos mis inexpertos esfuerzos. Aunque muy ocupado, siempre me atendía por horas, para trabajar con mis ideas. Sentía el brazo seguro de un padre que me decía silenciosamente: "Juntos vamos a caminar por esta situación".

La comunidad

Uno de los dones más preciosos para un católico es la familia de amor de la comunidad. Como mi padre, un ministro pentecostal, me decía muy bellamente: "Marilynn, tienes tanta suerte de tener una familia".

Mi próxima inyección de fuerzas vino al descubrir de nuevo a las personas de Carisma en Misiones. Ellas me mantuvieron a flote, no porque sintieran lástima de mí, sino porque respetaban lo que Dios estaba haciendo por medio de mí en sus propias vidas y familias. Ellas querían que yo siguiera, porque también deseaban continuar. Esta comunidad de evangelizadores y trabajadores, que a menudo se había sentido cohibida, ahora tenía que caminar a mi lado para animarme. Yo les había ayudado a superar penas y a restaurar sus vidas. Con una preciosa fe, todos creían que yo podía hacer lo mismo por mi vida. ¿Cómo podía fallarles?

Durante esos negros días, cuando Glenn se fue, mis amigos y partidarios latinos venían y me decían: “Nos sentimos llamados por Dios a estar a tu lado y ayudarte”. Otros me manifestaban: “Tenemos que orar juntos”. De repente, mientras me convertía en una viuda espiritual, numerosas parejas llegaron a mi vida sin siquiera pedirlas. Ellas fueron una fuente de gran ánimo para mí.

Empecé a descubrir muchas habilidades que yo tenía, pero que probablemente habían sido agotadas u olvidadas. Me sentía responsable por la familia de Carisma en Misiones. Empecé a sentir el don de la sabiduría y el conocimiento para ver espiritualmente la voluntad del Señor para cada día, y el discernimiento para saber cuáles pasos debía seguir. Sólo le pedía a Dios fuerza y sabiduría cotidiana. Desperté a la realidad de mis propios dones en cuanto a administración, al igual que en proclamación y enseñanza. Debido al estímulo de mis amigos y partidarios, empecé a ver a otros y a mí misma, de una manera nueva, llena de posibilidades.

Los departamentos de Carisma en Misiones quedaron iguales, como Glenn y yo los habíamos planeado, pero diariamente aumentaban en su capacidad de servicio.

La Eucaristía

EUCARISTÍA

En tiempos de apuro, nuestra protección más grande se encuentra en la fe. Para mí, el más grande depósito de fuerza se halla en la misa.

Durante la misa no se necesita que nadie cante, aplauda o baile, pues estoy cara a cara con Jesucristo en el altar. Allí puedo ofrecerle mi vida por medio de Su Cuerpo y de Su Sangre. En momentos así, no es suficiente con escuchar homilías o sermones acerca del "poder de la Sangre de Jesús". ¡Dicho poder tiene que ser aplicado!

Cuando Jesús levantó la ofrenda del pequeño muchacho, la ofrenda que dio de comer a 5.000

hombres en el campo, Él le pidió a su Padre que la bendijera. Al ser bendecida, fue puesta en las manos de Jesús. Entonces milagrosamente partió el pan y lo distribuyó a miles de personas, al igual que los peces. Esa es la esencia de la misa. Cuando entendemos el misterio del Cuerpo de Cristo, encontramos nuestra fortaleza más grande.

Nuestra vida se convierte en la ofrenda que es consagrada por medio del Cuerpo y de la Sangre de Jesús. Cristo nos ofrece al Padre. Nosotros no sólo somos bendecidos, también somos envueltos en Él. Jesús nos convierte en Su propio cuerpo, en Su vida, haciendo posible que seamos compartidos como Él desea y permite. Entonces, somos compartidos con los otros hermanos que también forman parte de Su Cuerpo.

Este entendimiento no es muy fácil. En meses recientes me agradó mucho oír a Kim, quien a los 25 años de edad, relató la forma como inició su interés en la misa. "Uno pasa por etapas en la vida donde va a la iglesia todos los domingos por obligación. Yo seguía la rutina de sentarme, arrodillarme, pararme, sentarme, arrodillarme, pararme y decir las cosas que debía decir. Por un largo tiempo eso era todo lo que la misa significaba para mí. Me sentaba durante la homilía y recibía el mensaje que usualmente no era tan bueno como los sermones protestantes que yo recordaba. Tomar la Eucaristía no me parecía tan importante. Pero un día me di cuenta de que la esencia de la misa no es lo que uno recibe, sino cuanto uno se puede entregar. Cuando descubrí esto, la misa se convirtió en algo poderoso en mi vida". Sin duda alguna, me regocijo al ver que Kim tiene tal entendimiento del Señor.

Me siento invencible cuando voy a la misa con dicho tipo de anticipación.

Hablamos de este momento como la "ofrenda gloriosa". Ninguna persona puede darme tal regalo. Pocos son los sermones que ofrezcan tal inspiración.

La gente me pregunta si extraño los buenos sermones de las iglesias protestantes. Verdaderamente, no tiene sentido comparar el efecto que un buen sermón ejerce en uno, con el efecto de la misa. Un sermón dado en el poder del Espíritu Santo puede ayudar mucho a las personas. Pero, durante la misa sucede algo diferente. Si entiendes el sentido de la misa, serás transformado en el altar, de la muerte a la vida.

El Rosario

ROSARIO

Donde hay una familia, siempre hay una madre. Yo creo que uno de los ataques más sutiles del enemigo hoy en día, es destruir la vida familiar, dividiendo y separando no sólo a los hijos, también a la madre, al padre y todo tipo de relaciones.

En la Santa Familia Cristiana esto también sucede. Decir que no necesitamos a María es como decirle a Jesús: "Te amo, pero ni quiero, ni me gusta tu mamá". María es el instrumento, el modelo en el Espíritu Santo que nos lleva a su hijo, Jesús.

¡No me puedo imaginar que consideráramos tener una familia sin mamá! ¿Qué harían mis propios hijos sin mí? ¿Qué hubiera hecho Jesús sin María?

De niños dependemos mucho de nuestras madres. De jóvenes y adolescentes pensamos que podemos vivir sin ellas. Cuando somos adultos, la acogemos de nuevo en nuestros brazos y le decimos: Qué hubiera hecho yo sin ti.

En nuestra naturaleza infantil, de la cual Jesús habla muy a menudo, aprendemos a querer a María, al igual que mis padres me enseñaron a hacerlo. Como jóvenes, a veces en la Renovación Carismática, pensamos que podemos vivir sin ella. Quisiéramos que ella "no estuviera en casa". Como cristianos maduros, la recibimos en "nuestro hogar", al igual que san Juan lo hizo a los pies de la cruz.

Como madres cristianas, debemos darnos cuenta de que hemos cometido errores y a veces abusado de nuestro papel de mamá. Hemos dificultado que nuestros hijos comprendan lo que es verdaderamente una madre cristiana. Esto también ha sucedido en la "Madre Iglesia".

Nosotros como iglesia, a menudo hemos abusado, pecado, cometido muchos errores y hemos causado que María, la Madre, tenga menos importancia de la que debe tener. Por esta razón, muchos niños nunca la han visto y conocido por lo que ella es en realidad.

Al arrepentirnos de esto, una vez más deseamos conocerla en su lugar donde:

"En adelante, todos los hombres dirán que soy feliz" .

Lc 1,48

Los misterios de Jesús en el Rosario significan la belleza de María, quien nos lleva como niños al corazón de Jesús por medio de los misterios gozosos, los dolorosos, los gloriosos y los luminosos. Comparo esto con lo que el doctor Robert Schuler expresa: "En la vida uno nace, pasa por pruebas y las supera".

Los misterios gozosos

GOZOSOS

Los misterios gozosos de Jesús representan aquellas experiencias que todos tenemos en Jesús, las cuales nos "hacen nacer". Nos dan la seguridad de nuestra salvación y misión.

1. La Anunciación (Lucas 1, 26-38).

Mientras María escucha al Espíritu de Dios que le habla por medio del ángel Gabriel, se da cuenta de la voluntad de Dios para su vida, de su confianza en ella y del amor hacia ella. Se estremece al pensar esto y se pregunta qué significa este anuncio del ángel.

Ella hace preguntas y necesita signos como las palabras de confirmación acerca de su prima Isabel, que había sido estéril y ahora estaba embarazada de Juan el Bautista. Convencida y dispuesta, ella le ofrece su vida completamente al Dios que ama, pues desea ser "su esclava", poseída sólo por Él. Jesús es concebido en sus entrañas por el poder del Espíritu Santo.

Ésta es mi posibilidad también, al dejar que Jesús sea concebido en mí. Deseo hacer solamente su voluntad y ser poseída únicamente por Él.

2. La Visitación (Lucas 1,39-56).

Mientras Jesús está siendo formado en el vientre de María, ella tiene una historia que contar. No puede esperar más para darle la buena nueva a Isabel. María viaja por tres días a pie y en un burro para ir a verla.

Al llegar a la vista de su prima, ésta le dice: "María: eres la más bendita de las mujeres y bendito es el hijo que palpita en tus entrañas".

María entonces canta: "¡Oh, cuanto alabo al Señor! Mi espíritu se regocija en Dios mi salvador".

Yo también tengo algo que ofrecer. Cuando expreso mi fe, al entregarle mi vida totalmente al Señor, Él no sólo vive totalmente en mí, también puedo llevarlo a otros.

3. El nacimiento de Jesús (Lucas 2,6-19)

Cuando María da a luz a Jesús en un establo, reconozco que hasta en mi propio establo, lleno de pobreza y mal olor por los desastres de mi vida, que son como animales que me rondan, Jesús también tiene que nacer.

Gracias a Dios que Él no nació en un palacio o en un lugar perfecto, pues jamás hubiera podido entender este misterio.

Yo permito que Jesús nazca en el lugar donde estoy. Él brilla en mi vida y me da esperanza y gran gozo, así como también a aquellos que se acercan para verlo, por medio de mi vida.

4. María y José presentan a Jesús en el templo (Lucas 2,22-40)

María y José presentan a Jesús en el templo por obediencia. Ellos han regresado para ofrecer a Jesús a Dios, el Padre. Simeón, un hombre ya viejo, estaba por morir. Ve al niño y sus ojos se abren. Tomando al niño en sus brazos, dice: "Ahora puedo morir en paz. He visto al Mesías". Entonces, también profetiza sobre el futuro del niño y abre los ojos de José y María a la realidad de su propio compromiso.

Él profetiza a María con estas palabras:

"Mira, este niño debe ser causa tanto de caída como de resurrección para la gente de Israel. Será puesto como una señal que muchos rechazarán y a ti misma una espada te atravesará el alma. Pero en eso los hombres mostrarán claramente lo que sienten en sus corazones".

Lc 2,34-35

Teniendo en cuenta este misterio, yo también debo obedecer los mandamientos de Dios. Al ser obediente, permito que otros vean a Jesús. Represento y dedico a Jesús mi "templo de barro". Existen muchas personas que, como Simeón, están con los ojos cerrados añorando ver al Mesías.

Cuando soy fiel al Señor, el Espíritu revela a Jesús por medio de mí. Así, otra persona lo podrá ver y después participará también de la vida y misión de Jesús. Mediante el otro, la palabra profética regresa a mí. Algunas veces no son palabras fáciles, pero son tan reales como las palabras que fueron dadas a María: "Una espada te atravesará el alma", para que las intenciones de muchos sean conocidas.

5. Jesús en el templo (Lucas 2,41-52)

María y José se desesperan al darse cuenta de que Jesús ha desaparecido. Cuando lo encuentran, Él le asegura a su madre que ha estado en el templo todo el tiempo, haciendo la voluntad de su Padre.

Muchas veces he sentido que Jesús ha desaparecido en mi vida. No lo siento cerca de mí. No lo puedo tocar. Pero qué gozo al encontrarlo en mi "templo de barro". Él me dice, al igual que le dijo a María: "He estado aquí todo el tiempo haciendo la voluntad de mi Padre". No me daba cuenta de que Él permanecía en mi vida, trabajando y enseñándome.

Los misterios dolorosos

Los misterios dolorosos corresponden a aquellas experiencias de la pasión de Jesús, el apostolado de la cruz y representan las experiencias que ponen a prueba mi fe.

Las Escrituras nos dicen que sólo el hombre insensato trata de edificar una torre, sin contar con el costo. Si yo he nacido en Dios y estoy viviendo en el gozo de mi salvación, seré puesto a prueba. Las Escrituras nos dicen en Eclesiástico 2,1: "*Hijo, si te has decidido por servir al Señor, prepárate para la prueba*".

1. La agonía de Jesús en el huerto de Getsemaní (Mateo 26,36-41; Lucas 22,41-44)

El huerto de Getsemaní es donde Jesús llora su soledad. Él toma sobre sus hombros a cada mujer y a cada hombre solo y triste en este mundo. Él sabe que lo único que importa es la voluntad de su Padre. Él le entrega sus expectativas y deseos y clama: "¡No mi voluntad, sino la tuya!".

En mi propia desesperación, cuando todos los que yo amaba me dejaron, se alejaron o no les importaba, yo también tuve que morir a mí misma y entregarle mis necesidades y las de ellos a Dios, el Padre. En mi hora de mayor soledad, sólo pude mirarlo a Él y aceptar el poder de la voluntad del Padre sobre mí.

2. Jesús es azotado (Marcos 15,15; Juan 19,1; Lucas 23,16; Isaías 53,5-7).

Jesús ha sido destrozado por culpa de mi enfermedad y dolor. Él fue azotado por mis sufrimientos. Al entregarle mi cuerpo, también recibo los azotes humanos en mi contra y le ofrezco mi vida como un sacrificio vivo, pues reconozco que al añadir mis sufrimientos a los sufrimientos de Jesús habrá salvación para muchos.

El papa Juan Pablo II habla acerca de este sufrimiento humano en su exhortación sobre el sufrimiento. "El sufrimiento en sí no puede ser definido; es una comunión con Cristo".

3. La coronación de espinas (Marcos 15,16-17; Mateo 27,28-29).

Los soldados se llevaron a Jesús al patio interior, le quitaron su ropa y lo vistieron con una túnica de color rojo. Le pusieron una corona de espinas en la cabeza.

Debo unir mi angustia al Cuerpo de Cristo. Sé que toda mi confusión, tensión y el peso de mis pruebas son sólo otros signos para mí de que Cristo llevó su corona con dignidad, y fue completamente coronado por ella. Yo recibo la fuerza en Su angustia, para levantar mi cabeza, sabiendo "de donde viene mi ayuda".

4. Invitación a cargar la cruz (Lucas 9,23; 23,31).

Jesús nos dice que no podemos ser sus discípulos si no estamos dispuestos a cargar la cruz. Jesús tuvo que tomar la decisión de cargarla. Nadie pudo tomar esa decisión por Él. Al cargarla, Él dio los "pasos" necesarios para ir al calvario y allí morir por mí y por ti.

Yo también tengo este privilegio. ¡El derecho de decidir dar los pasos! La decisión tiene que tomarse. No puedo desviarme del camino al calvario. Algunos de mis amigos tratan de convencerme de que el crucifijo no es necesario, que Jesús sufrió una vez por todos y ahora sólo debo vivir la vida del señor resucitado.

Para mí, esta idea no funciona. Porque si Jesús, el que cargó la cruz, no caminara en mis zapatos y yo en sus sandalias, no tendría idea alguna de cómo morir a mí misma y de dar los pasos necesarios para entregarle mi vida total y confiadamente.

5. La crucifixión (Lucas 23,46).

El último aliento de Jesús es la batalla final de entregarlo todo en las manos del Padre. Yo muchas veces peleé duro y por largo rato, para llevar a cabo todo a mi manera, para tratar de demandar mis derechos y nociones preconcebidas acerca de mi vida y mi futuro.

Sólo con la muerte de Jesús se abrieron los ojos del centurión, el soldado romano, al ver a Jesús verdaderamente como el Rey de reyes. Únicamente al entregarle mi vida y morir a mí misma, otros podrán ver al verdadero Jesús, el Cordero de Dios que quita el pecado del mundo. Dios mío, ten misericordia de mí.

Los misterios

GLORIOSOS

gloriosos

Cuando nosotros pasamos por el valle de la sombra de muerte, el Señor está con nosotros. Sólo al morir a nosotros mismos podremos ser resucitados a una nueva vida.

1. La resurrección de Jesús (Juan 16,20-22; Mateo 28,2-8; Juan 11,25-26).

Como Jesús prometió: "Después de tres días, resucitaré", Él triunfó sobre la muerte, dándonos así la esperanza de que si hemos muerto con Él, también viviremos con Él.

Hoy en día puedo proclamar que Cristo vive. ¿Cómo lo sé? Porque he sufrido y muerto con Él. Yo sé que **no** hay hombre, mujer, hijo, hija o circunstancias de la vida que puedan mantenerme en la tumba. He sido puesta a prueba y he salido adelante victoriosa, como una nueva creatura.

2. La ascensión de Jesús al cielo (Mateo 28,18-20; Marcos 16,9; Lucas 24,50-51; Hechos 1,9).

Jesús asciende al cielo y prepara un lugar para mí. Cuando Jesús, antes de morir, ora durante la Última Cena con sus discípulos, pide volver al lado de su Padre, habiendo terminado todo lo que el padre le había encomendado hacer (Juan 17,4-8). Al ascender, los ángeles les dijeron a los discípulos que miraban hacia el cielo, que este mismo Jesús que estaba ascendiendo volvería otra vez.

Yo sé que mie[illegible] aga la voluntad de mi Padre, también encontraré algún descanso y gozo completo en el lugar que Dios ha preparado para mí. Sé que no puedo seguir mirando hacia el cielo. Hay trabajo que hacer, tengo que prepararme para Su regreso. Sé que el Cielo me espera, pero debo ocuparme haciendo Su voluntad. También debo aceptar el lugar en el que me ha puesto aquí en la Tierra, y vivir mi vida haciendo lo que me ha pedido que haga.

3. La venida del Espíritu Santo: Pentecostés (Hechos 2,1-11)

Jesús prometió a sus discípulos que al regresar a su Padre, les enviaría el Espíritu Santo y al ellos recibirlo se convertirían en Sus testigos, hasta los confines de la Tierra. Jesús fue fiel al ser quien nos bautiza en el Espíritu Santo.

Los temerosos y tristes discípulos nunca fueron los mismos. El día de Pentecostés, la iglesia –los que siguen a Cristo– fue llena del Espíritu Santo. Ellos despertaron a la seguridad en

Cristo y también a Su vida y misión. Recibieron toda Su plenitud, Sus virtudes, los sagrados regalos de Su naturaleza, los potentes frutos de Su Espíritu, los dones carismáticos del Espíritu, esos regalos que moverían montañas y "confundirían a los sabios".

Después de recibir la promesa del Padre, salieron adelante a llevar a cabo la misión de Cristo en el poder del Espíritu Santo.

Pentecostés, para mí, significa el día de "mi despertar". Significa el día en que, en obediencia, me di cuenta de que aunque era una bautizada cristiana, tenía que ser despertada, sacudida, como la esposa de Cristo y la partidaria en Su trabajo.

Por mí misma no puedo hacer nada, pero entonces recuerdo Sus promesas, lo sigo y le pido que me envíe la efusión de Su gracia y el poder de Su Espíritu para llenarme de amor, para recibir la gracia del perdón y el poder de proclamar la Buena Nueva. En el amor y celo que siento por Cristo, Él me permitirá servir al mundo, ese mundo que aún no ha conocido o aceptado a Jesús como Señor y Salvador.

4. La asunción de la Virgen María al cielo (Cantares 2,10;11,14; Apocalipsis 11,19; 12,1; Judith 15,9-10).

Como nuestra Madre Iglesia nos enseña, la bendita Madre subió al Cielo y sin haber muerto entró en el gozo de Su Señor, siendo físicamente levantada hacia Él.

Sé que algunos pueden tener problemas al creer en este misterio o dogma. Pero considero que María, siendo nuestro modelo, le da sentido a mi propia vida y realización.

Creo que desde mi bautismo, desde el día en que Jesús me llevó a formar parte de Su Cuerpo, he sido levantada hacia Él. De gloria en gloria, mi cuerpo debe levantarse.

Mi vida tiene que estar en dirección al Cielo. El gozo de mi salvación es saber que también estoy siendo levantada más y más a la Presencia de Cristo. Al igual que mis compañeros en la fe, que se han ido antes de mí, yo "con la mirada fija en lo que está por delante, me esfuerzo hasta lo último por llegar a la meta y recibir el premio que Dios nos tiene preparado en el Cielo, en virtud de lo que Jesucristo hizo por nosotros".

5. La coronación de María (2 Timoteo 4,8; Cantares 6,10; Apocalipsis 21,1-4).

María, en cuanto representa la Madre Iglesia, no solamente es llevada al Cielo, también es coronada por Jesús. Él es la corona. A mí me espera sólo una corona, Jesús, mi Señor y mi Dios. Yo sé que si vivo y trabajo como mi bendita Madre María lo hizo, recibiré el gozo de mi corona y por la eternidad estaré contigo en tu Gloria.

Sé que debo vivir mi vida cristiana como una auténtica seguidora de Jesús. Sé que cada día y cada hora es un desafío y una aventura al caminar en el Gozo, el Sufrimiento y la Gloria de Jesucristo, mi Señor. Gracias a Dios por una Madre, María, que camina conmigo, enseñándome y guiándome como su hija a caminar más cerca de Jesús.

Los misterios *luminosos*

LUMINOSOS

En octubre de 2002 el papa Juan Pablo II estableció los misterios luminosos, los cuales abarcan los hechos, señales y milagros realizados por Jesús durante su vida para manifestar su Gloria. La editorial ha decidido incluir un listado de los mismos, considerando que *Te llegará gozo en la mañana* fue escrito antes de dicha fecha.

1. **El bautismo de Jesús en el Jordán (Marcos 1,9-10).**

2. **La autorevelación de Jesús (Juan 2, 1-12)**

3. **Jesús anuncia el Reino de Dios e invita a la conversión (Marcos 1, 14-15)**

4. **La Transfiguración de Jesús (Lucas 9, 28-35)**

5. **La institución de la Eucaristía (Juan 6, 53-54)**

Éstas son las convicciones que me han ayudado cuando el resto de mi vida se hundía a mis pies. Cuanto más me enfocaba en Cristo dentro de mí y menos en los fracasos a mi alrededor, gradualmente salía de la desesperación.

Al examinar cómo van las cosas, veo que Glenn está casado con otra mujer y Marcos aún lucha por superarse de su adicción, pero yo ya no estoy en el mismo lugar. Ahora me encuentro parada en el umbral de la reconciliación y la esperanza. Las condiciones no son perfectas, pero precisan que siga adelante.

NOVEDADES EDITORIALES

SED DE DIOS
Ralph Martin

Ralph Martin ayuda al lector a profundizar en su relación con Dios mediante una vida de oración más intensa.

EMILIANO TARDIF, UN HOMBRE DE DIOS
María A. Sangiovanni

Escrito de manera cristocéntrica, con el único deseo de dar gloria a Aquel que llamó al padre Tardif a anunciar al mundo que Jesús está vivo.

SANACIÓN DEL CORAZÓN ROTO
Marilynn Kramar

En este libro Marilynn Kramar te explica los pasos que siguió para la sanación de las heridas ocasionadas por su divorcio.

AMS

NOVEDADES EDITORIALES

COMO UN NUEVO PENTECOSTÉS

Patti Gallagher

Escrito por una de las participantes en el fin de semana de Duquesne que marcó el inicio de la Renovación Carismática Católica en el mundo.

INTRODUCCIÓN A LA RENOVACIÓN CARISMÁTICA

Rev. Robert DeGrandis S.S.J.

En este libro, el autor nos explica cómo este movimiento carismático es un medio de renovación espiritual que puede ser de gran beneficio para toda la iglesia Católica.

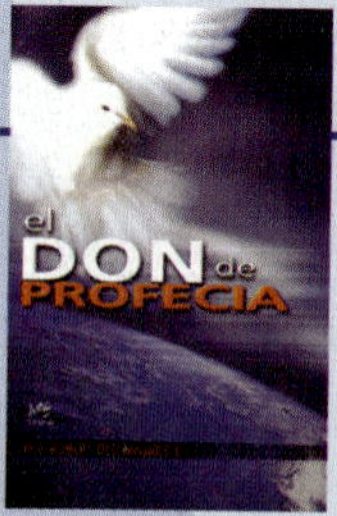

DON DE PROFECÍA

Rev. Robert DeGrandis S.S.J.

Por medio del don de profecía el Señor quiere hablarnos, comunicarnos a cada uno su amor y sus pensamientos.

NOVEDADES EDITORIALES

¿DIOS ME AMA REALMENTE?

Ralph Martin

En este libro descubrirás la magnitud del amor que recibes de Dios. Te anima a dejar toda duda, rendirte a este amor que te libera, te llama y te da el poder para amar al prójimo.

¿CUÁNTOS LOGRARÁN LA SALVACIÓN?

Ralph Martin

El autor aborda de manera convincente el importante tema de la salvación, para una humanidad que vive tiempos de confusión, explorando las Escrituras y la visión de grandes cristianos.

¡NO TE RINDAS!

Ralph Martin

A la luz de las Escrituras, la Iglesia y los santos, Ralph Martin nos comparte algunas claves importantes que nos ayudan a perseverar hasta el final y mantenernos fieles al Señor.

¿POR QUÉ JESÚS?

Peter J. Herbeck

El autor nos proporciona amplias respuestas a esta pregunta. Respuestas que se encuentran en el Evangelio, donde Jesús es el centro de esta revelación divina.